湛庐CHEERS

与最聪明的人共同进化

HERE COMES EVERYBODY

如何与重要人物社交

Treating People Well

The Extraordinary Power of Civility at Work and in Life

[美] 利娅·伯曼　杰里米·伯纳德 著
Lea Berman　Jeremy Bernard

文家欣 译

四川人民出版社

献给我的丈夫韦恩·伯曼（Wayne Berman）。

——

利娅·伯曼

献给我的父母

洛蕾塔与赫谢尔·伯纳德夫妇（Loretta and Herschel Bernard）。

——

杰里米·伯纳德

测一测

你会不会与重要人物社交？

扫码测一测，
获得题目及解析。

- 在与重要客户交流时，应该如何使用幽默感？（ ）

  A. 讲个黑色幽默笑话

  B. 适当地自嘲

  C. 拿不在场人物的缺陷开玩笑

  D. 在其焦虑时讲个笑话

- 以下哪项不能助你冷静地缓和高压气氛？（ ）

  A. 专注于了解目前的情况，冷静思考有哪些选择

  B. 保持放松的面部表情和姿态以及柔和、平静的声音

  C. 让身边紧张的同事独处

  D. 决定好行动顺序，在情况升级之前快速掌控局面

- 如何清晰而真诚地向他人表达歉意？（ ）

  A. 试图解释自己的行为

  B. 看着对方的眼睛，放松面部肌肉，双手自然垂下

  C 找一个不会被打扰的安静地点，郑重地道歉

  D. 以一种毫无保留的方式表达悔意

我们总有能力为他人带去阳光

我是幸运的，一生中有机会去很多地方旅行。而无论到什么地方去，与什么人会面，只要坚持以善意和尊重去对待他人，我们便总能赢得对方的感激。《如何与重要人物社交》中列举了一些出色的例子，告诉我们只要多想别人所想、不吝于表达谢意，就能与朋友、家人、同事和遇见的所有人建立牢固的联系。

布什总统和我住在白宫的这 8 年间，曾与三名优秀的社交秘书共事，利娅·伯曼便是其中之一。利娅与她那些能力极强的下属一道，策划并举办了许多高雅的活动。她天生懂得如何给人们带来快乐，让这些活动都令人难以忘怀。

在奥巴马政府中，杰里米·伯纳德延续了这一传统，让每位造访白宫的宾客都感受到卓越的服务和一丝不苟的精神。我很高兴利娅和杰里米愿意分享他们的人生经历和来之不易的智慧，传播慷慨、耐心和自我克制的益处。

无论大事小事，我们总有能力为他人带去阳光。这本书告诉你，努力这样做对我们所有人都是有益的。祝你阅读愉快！

劳拉·布什

目 录

白宫社交秘书：身在其位，必承其重

TREATING
The Extraordinary Power
PEOPLE
of Civility
WELL
at Work and in Life

白宫社交秘书必须同时拥有非凡的洞察力和敏感性、大力神般的力量、犀牛皮般的厚脸皮以及超强的耐力，此外，还得再加上一些幽默感。

The White House Secretary should combine keen perceptions and sensibilities with the strength of Hercules, the hide of a rhinoceros, great endurance and a sense of humor.

—

玛丽·伦道夫

Mary Randolph

我们两个人曾分别在美国两届不同的政府中担任白宫社交秘书一职。利娅在乔治·W. 布什（即小布什）和劳拉·布什手下工作，杰里米则是贝拉克·奥巴马和米歇尔·奥巴马的下属。与此同时，我们还是关系很好的朋友。许多人在得知我们要合作撰写这本书时，都表示惊讶。两个政治观点相左[①]的人怎么可能有共同语言呢？这份友谊中自然有惺惺相惜的成分，毕竟我们有过类似的经历，但促使我们始终保持联系的却是一个基本的信念：希望让美国变得更好，并通过合作而非敌对的方式来达成这个目标。

在华盛顿，与持有相反政治观点的人维持友谊并非易事，毕竟人们的事业与成功常常系于其所服务的政党的命运。在这里，你的政治倾向决定了你

① 美国的共和党与民主党在政治上分属于右翼和左翼。小布什是共和党总统，贝拉克·奥巴马是民主党总统，而通常总统社交秘书会与总统的政治立场相同。——译者注

的生活和身份，但我们拒绝以恶意去揣测那些与我们观点不一致的人。我们承认，这些人看待世界的方式与我们不同，但这并不意味着他们是动机可疑的坏人，而是因为他们来自不同的地方、持有不同的观点。

利娅担任小布什夫妇社交秘书是 2005—2007 年，杰里米担任奥巴马夫妇社交秘书是 2011—2015 年，我们的主要任务是策划各种活动，同时还得管理预期、处理突发危机、化解尴尬时刻、介绍可能会成为朋友的人们相互认识、避免仇人相见、安抚不快的宾客和同事、完成上级的命令，有时还必须完成其他人物下达的命令。我们每天都处在高压的环境下，与许多重要人物打交道。简而言之，我们做的事情与大家在职场上遇到的事情毫无二致。区别仅仅在于，我们的办公地点恰好是美国华盛顿哥伦比亚特区宾夕法尼亚大道 1600 号——白宫。

白宫是美国总统的官邸，也是美国政府行政分支所在地。这栋有着白色柱子的新古典主义风格的大楼，既是办公场所又是住宅，许多社交聚会和隐秘的交谈都在这里进行，会对全球产生影响的会议也在这里召开。美国政治版图的各大板块，每天都会在这里互相碰撞。

社交秘书一职的正式名称是总统特别助理兼社交秘书（Special Assistant to the President and Social Secretary），须听从美国总统与第一夫人的命令，职责包括维护白宫的传统礼仪与风度，使国家管理层的工作顺利进行下去。简而言之，善待他人就是我们的工作。在本书中，我们将与读者分享一些经验和教训。这些心得既让我们更好地完成了工作，也给我们曾经的生活带来了快乐和幸福。

在白宫里，我们是目光敏锐的观察者，持续不断地感受着房间里的气氛，寻找着不和谐的因素。它们可能是不难解决的小状况，比如在演出之前东厅摆放的椅子数量不够；也可能是严重的问题，比如在一场关键的会谈中，外国领导人的口译员将美国国务院的口译员从椅子上推开，致使总统无法得到逐字逐句的翻译。我们就像过去的片区巡警一样，无论大小事件，都逃不过我们的火眼金睛。

在观察的同时，我们也在学习。我们要敏锐地注意到，哪些行为会让一切顺利圆满地进行，哪些行为会让人反感、把事情复杂化、导致灾难发生。无论你如何定义成功，它必然在很大程度上取决于我们如何对待各行各业的人。我们每天都能遇到类似的情况：某些高级幕僚希望参加某一场白宫宴会，他们当中有人会亲自打电话，礼貌地向我们咨询；也有人会让助手通知我们，他们将要出席。这两类人收到的回应自然也截然不同。一味强调自己的重要性毫无意义。在我们看来，每个人都很重要，都应该得到妥善对待。

我们正是从总统和第一夫人那里深切地学到了这些道理。每天对上司和身边环境的观察，对我们产生了潜移默化的影响，让我们学会如何在一群政治主张鲜明且野心勃勃的人当中高效地工作。我们了解到经营人际关系、建立同盟、游说同僚、说服居心叵测的与会者的重要性。但在成为社交秘书之前很长一段时间内，我们就已经有意识地做出了一些努力，让自己变得更加讨人喜欢。因为花费时间去培育友情能使我们在人生中避免许多困难，在职场上更是如此。当身边都是值得信任和依赖的人时，我们的表现往往能超越预期。在白宫我们会使用特定的工具，肯定自己的能力、降低焦虑感、舒缓压力、避免产生嫉妒与争权夺利的心理。我们越快掌握本书中分享的原则，就能越好地帮助白宫“第一家庭”和幕僚顺利地完成工作。

我们之所以能在善待他人方面得出同样的结论，某种程度上是因为我们都不是典型的白宫政治迷。我们就是两个平凡的人，只不过担任了不平凡的工作。于是为了更快捷、平稳地达成目标，我们逐渐总结出相似的方法。既然这些方法能让我们打破僵局、掌控复杂的政治局面，那么也就能在更广阔的工作与生活情境中派上用场。毕竟，人与人之间的博弈存在于一切环境之中。

杰里米

我在得克萨斯州的圣安东尼奥市出生长大。我的家乡并不是一个盛行自由民主理念的地方。小莫里·马弗里克（Maury Maverick Jr.）是一个能言善辩的自由主义者，他在得克萨斯州众议院时一直坚持不懈地为人权做斗争。我的父母是在参与马弗里克的竞选宣传工作中结识的。我从得克萨斯主教中学毕业后，到纽约城市大学亨特学院读书，之后怀着成为一名演员的短暂理想搬到了洛杉矶。那时我在一家高级餐厅当服务员，一些政治聚会经常在餐厅的私人包厢里举行。就是在那里，我遇见了戴维·米克斯纳（David Mixner）。米克斯纳是阿肯色州州长比尔·克林顿的朋友，也是克林顿初期“厨房内阁”①的一员，当时克林顿刚刚宣布要参加总统竞选。很快，对政治的共同热情加深了我与米克斯纳的友情，他最终雇用我成为克林顿竞选活动的工作人员。在竞选中，我学到了关于如何在政治活动中筹募资金的第一手知识。之后在 1993 年，我继续为总统就职典礼委员会工作，并被克林顿委任成为肯尼迪艺术中心总统艺术与人文委员会的一员。直到奥巴马时期，我才第一次全职为政府工作。最初我是美国国家人文基金会的白宫联络人，之后担任了美国驻法大使的高级顾问。又过了两年，我才当上了白宫社交秘书。

① 厨房内阁（kitchen cabinet）通常指领导人的亲信，是非正式的高级顾问团队。——译者注

利娅

我在俄亥俄州的一个葡萄园长大。从迈阿密大学毕业后，我搬到了华盛顿。与千千万万的年轻人一样，我义无反顾地投身于国家政治的洪流之中。当时《华盛顿邮报》刊登了一则招聘研究助手的广告，我去应聘了，然后受雇于乔治城大学美国战略与国际问题研究中心。自此，我才开始真正学习活动策划和筹募款项的相关事宜。工作的同时，我利用晚上的时间，在乔治城大学修读拉丁美洲研究方面的研究生课程，为将来进入驻外事务处做准备。在结婚生子之前的 5 年里，我围绕美国战略与国际问题研究中心顾问亨利・基辛格的计划进行活动策划，同时还在华盛顿运营自己的活动策划公司。我在共和党政界有许多朋友，多年来他们一直是我们活动的座上宾。2000 年总统大选之后，其中一位朋友建议我与当时的副总统夫人琳恩・切尼（Lynne Cheney）谈谈，争取获得担任副总统社交秘书和官邸管理人的机会。他说这是一份可当作兼职的工作岗位，而副总统官邸就在我女儿学校的拐角处。事实上，这绝非什么兼职工作，却是一个难能可贵的机会。2001 年，我成了副总统理查德・切尼（Richard Cheney）的社交秘书，后来又担任了琳恩・切尼的幕僚长。在小布什总统的第二任期，我开始担任白宫社交秘书一职。

白宫社交秘书需要懂得如何为威尔士亲王上茶，也必须对官方席次的顺序了然于胸，但我们的工作远不止于此。一名现代社交秘书必须拥有许多技能，例如，要能计算 5000 人进入白宫草坪参加国事访问欢迎仪式所需要的时间，要清楚将记者团安置在东厅的什么位置才能让他们摄影时不打扰到宾客。另外，社交秘书还要具备一项与时俱进的技能，就是防止访客在参观总统官邸拍照之后将照片上传到社交媒体，这也是我们在这份工作中面临的一项全新挑战。

我们还必须在问题发生时随机应变。如果在一场演出之前，演出者之间产生了矛盾，我们就要安排他们分开彩排；如果总统的朋友出现在门口，但他既没有预约也没有身份证明，我们就得赶紧冲下楼去请他进来，以避免发生骚乱。社交秘书不仅需要清楚哪些人是总统与第一夫人的朋友，还需要了解政府的政策举措，让白宫举办的所有活动都有助于达成政府的目标。社交秘书还要熟悉关于总统座上客的花边新闻，尽管必须守口如瓶。哪些客人之间不共戴天、谁和谁关系密切，都是重要的信息，因为我们必须防止宾客的私人恩怨扰乱重要的公共场合。

白宫社交秘书原本仅负责为总统和第一夫人回应邀约以及筹办宴会，但今天的职责还包括协调在白宫室内或室外举办的所有活动，只有椭圆形办公室和白宫新闻简报室两处是例外。白宫首任总统社交秘书是伊莎贝拉·哈格纳（Isabella Hagner），她从 1901 年开始为当时的第一夫人伊迪丝·罗斯福（Edith Roosevelt）工作。哈格纳很快就证明了自己的地位无可取代。当时的报纸提及哈格纳时，说她是“白宫社交场真正的统治者”。哈格纳的职责之一是为第一夫人回信，来信中有许多人央求得到罗斯福一家废弃的衣物和钢琴。她还要管理给罗斯福一家定期寄来的礼物，其中包括一只叫作洛蕾塔的鹦鹉。

自哈格纳以来，每任第一夫人在雇用社交秘书时，考察的都是这些人在礼仪与社交方面的专业知识以及机智和谨慎程度，此外，还有在不冒犯对方的前提下婉拒他人的能力。

玛丽·伦道夫曾是格雷丝·柯立芝（Grace Coolidge）的社交秘书。她曾谈及社交秘书的必要品质，包括洞察力和敏感性、强大的力量、厚脸皮、耐力和幽默感，这些在今天的白宫无疑仍然能够派上用场。我们与四五名下属一起，全天候听命。一天 12 小时的工作时间算是相对轻松的。

大部分工作日都有不止一个活动需要总统或第一夫人参加，他们有时需要一起出席，有时又需要分开出席。我们的周末也被安排得满满当当：软式垒球比赛、电影首映、非官方的朋友聚会活动。每届政府都会举办许多一年一度的节庆活动，如复活节滚彩蛋活动、国会野餐、作战指挥官晚宴、参议院配偶午餐会、五月五日节、州长舞会等。这还没算上一些公益活动，如与塞隆尼斯·蒙克爵士学院一同举办的国际爵士乐日、特殊奥林匹克运动会等。

2011 年是杰里米作为社交秘书工作的第一年。他在这一年里筹备了受伤士兵骑行项目、白宫菜园收获节、多场正式国宴以及数不清的冠军运动队庆祝活动，但这些都只是冰山一角。利娅在小布什总统任内工作时，曾在 21 天假期内筹办了 24 场宴会。在这忙碌的三个星期中，她共接待了 11000 名客人。

白宫社交秘书这份工作听起来十分光鲜亮丽，我们在工作中也确实经历过许多流光溢彩的时刻。在国事访问欢迎仪式上，我们迎接刚刚在露台向人群挥手的外国领导人进入蓝厅；在史蒂文·斯皮尔伯格或者梅里尔·斯特里普（Meryl Streep）获颁“肯尼迪中心荣誉奖”（Kennedy Center Honors）时，我们护送他们走入外交接待大厅；在总统就职庆典结束后，我们看着兴高采烈的人群拥入白宫，彩旗飞舞，鼓乐齐鸣，广场上演奏着约翰·菲利普·苏萨（John Philip Sousa）[①] 所作的进行曲。

此外，这里还有许多我们珍藏于心间的“幕后花絮”。一次午宴结束后，宾客们正打算离开，史提夫·汪达（Stevie Wonder）突然开嗓献唱；

① 苏萨是美国作曲家、军乐指挥家，代表作有《星条旗永不落》等。——编者注

在查尔斯王子和新婚不久的康沃尔公爵[①]夫人光临晚宴之前，世界闻名的大提琴家马友友“混进”美国海军陆战队乐团，与备感惊喜的乐手一同给大家带来了即兴曲目。杰里米总是会满怀喜悦地想起一次国宴前，在北门廊等待贵宾的奥巴马一家的有趣互动；而利娅每次想到小布什夫妇在一次正式晚会后还特意对她说“今夜可真棒”，都会感到欢欣鼓舞。

我们的确有幸能够见证这些，但现实并不总是繁花似锦，也有许多不尽如人意的时刻。有的宾客曾在假日宴会上过于纵情，以致吐到了盆栽里；有的宾客以为没人注意，偷偷从晚餐桌上拿走银器或卡片架。

国会野餐是国会成员及其直系亲属受邀参加在白宫南草坪举办的主题野餐娱乐活动，它一直是白宫最具有挑战性的活动之一。野餐的日子总是潮湿又闷热，国会成员带来的朋友数量常常远多于事先告知的数目，只要特勤局的员工在名单上没有找到这些客人，国会成员和他们的朋友就会很不满。人们总会把总统和第一夫人团团围住，几个小时之后才终于离去。这些人浑身是汗、醉醺醺的，还经常顺走放在桌子上的装饰品。

即使在普通的日子里，我们也要做好一切准备。有一次，一个议员来到白宫北门廊准备与总统会面。我们眼见他打开车门，仰头含了一口漱口水，吐在了白宫的楼梯上，然后醉醺醺、踉踉跄跄地走上楼梯。目瞪口呆的工作人员只好赶紧将他扶进去。需要运动员参与的活动同样充满了挑战。我们曾经无数次请求其中不少人，不要坐在国宴厅的餐桌上或把腿搭在麦迪逊总统时期就在白宫“服役”的老扶手椅上。这些行为都足以令白宫资产管理员崩溃。

---

① 康沃尔（Cornwall）公爵爵位属于英国君主的长子，查尔斯王子即现任康沃尔公爵。——译者注

活动结束后，让乐不思蜀的宾客离开同样绝非易事。伊莎贝拉·哈格纳在她的回忆录中曾提到一个白宫助手，她说这个人在盛大的宴会过后，总是一边穿梭于各个房间，一边压低声音嘟哝：“这些人没有家吗？”

当然，造访白宫是一件大事，希望尽情享受其间的每一秒也是人之常情，但在乐队停止演奏、管家从自助餐桌上撤走食物时，宴会就结束了。有许多次，活动已经结束，总统和第一夫人早已离去，而我们也只想回家泡泡脚，但宾客仍然流连忘返。在这种情况下，社交助理便会采用一种叫作“鸡形步”的方式来控制人群。他们会从房间边缘朝中心移动，脚像鸡爪一样向外翻，慢慢将人们引向门口处。清空一个房间之后，工作人员便会关上门，再到下一个房间继续。没有人会命令宾客离开，但这种身体上靠近的暗示足以让他们明白是时候离开了。

白宫确实是一个神圣而令人敬畏的场所，但同时也的确是一个让大伙儿聚会的地方，聚会上常见的行为在这里都能看到。在各种棘手的状况之间周旋是我们任务的一部分。谁都有尴尬的时刻，重要的是如何处理才能为你自己、为与你共同生活或工作的人们带来最大的好处。我们大多数人都有上司，而且都很在乎上司对我们的看法。上司是美国总统还是餐厅经理，区别并不大。对家庭成员和朋友而言，也是一样。我们怎么对待他们，他们也会怎么对待我们。

在为人处事方面有一个基本准则，也是这本书的根本原则：当你做事情时，始终假定全世界的人都在看着你，这样你就一定会做出正确的事情。我们中大多数人都会认为，自己的本性是善良的。如果我们假定自己始终在众目睽睽之下做事，那就更可能会合理行事。随着时间的流逝，我们会因此而变得更加平和、冷静而自信，与他人的关系也会变得更牢固、积极。我们两个人之所以明白这一点，是因为我们工作的很大一部分都在众目睽睽之下。我们要在活动中迎接宾客，在满心期待的观众面前蹑手蹑脚地走上台，告诉演出者该站在什么位置。如果认为人们一直关注着你的一举一动，你就会站得更直一些，笑得更稳重一些，在进行所有互动时都预先想到最好的结果。

你也许会这么想：哈！这可不是现在流行的人际交往的模式。现在有人会一味地侮辱任何胆敢表达反对意见的人，而且他们似乎对此毫无悔改之意。如果恶行像许多研究证明的那样有传染性，那么如今的我们已经被这一传染病感染了。

既然如此，那么我们两个人在白宫的经验是否还有意义呢？我们认为是有意义的。现在的人们比过去任何时候都更需要尊重他人，需要让孩子们明白善良和诚实的价值，也更需要在交往中表现出聆听与合作的意愿。林肯、里根、罗斯福或者肯尼迪会对今天的美国有什么看法？这几位美国总统注重高效，明白政府必须在相互协作之下运作，但这并不意味着他们会在原则问题上妥协或者不批评对手。对他们来说，文明礼貌是达成目的和促使国家进步的方式。但是，党同伐异、人身攻击从未在政界缺席。1856 年，查尔斯·萨姆纳（Charles Sumner）因为提倡废奴，在参议院大厅几乎被殴打致死。[①] 但成功的总统及其政敌都明白，对彼此示以尊重，相当于对宪法、政府和国家的尊重。

我们尽量与在白宫遇到的每一个人建立良好关系，包括食堂窗口的炊事员、在一楼值勤的特勤局员工、兼职领班以及白宫书法家。当他们同样对我们以礼相待时，我感觉就像在漫长的下午得到了一缕阳光的照耀。有

---

① 查尔斯·萨姆纳是一名马萨诸塞州参议员、著名的废奴运动政治家。1856 年 5 月 22 日，南卡罗来纳州众议员普雷斯顿·布鲁克斯（Preston Brooks）殴打萨姆纳，使其几乎丧命。这一事件引发了社会两极分化，被视为南北战争之前美国政治环境的转折点。——译者注

礼有节的行为能帮助我们每个人在今天的公共话语中收复失地。例如，向公交车司机问好、为他人扶住门等，这一类日常小事积少成多，将逐渐使我们养成更健康的生活方式、获得更清晰的视野，同时也会使我们感觉自己更得体。每天工作过程中遭遇的不愉快的对话都会让我们的心情变得更沉重，相反，所有积极肯定的互动则会建立并强化我们积极向上的自我感觉。

人们对社交技能的重视程度似乎正在日渐减弱，这可能是因为人们认为礼仪早已是过去式了。但事实上，社交技巧对职业与个人的成功仍然至关重要。若没有一定的人际交往技能，工作与生活就很难顺利圆满地进行。并不是人人生来都是迷人、风趣、容易亲近的，这些都是后天习得的行为习惯。我们两个人也并非天生就拥有现在这些得心应手的人际关系技能。人性是最好的老师，我们慢慢教会了自己怎么才能在世界上过得更自在。刚开始时，我们并不能轻松地迈出第一步——主动向陌生人介绍自己，但在白宫，我们不得不这样做。后来我们发现，这么做不仅能让他人更放松，也能使我们获得同样带有善意的回应。于是，我们将紧张抛诸脑后，久而久之，习惯便成了自然。我们还克服了另外一种不安，也就是学会坦然接受别人的批评，而不是固执己见，认为这些批评专门针对自己。我们发现，保持冷静、寻找解决方法而非借口，能更加高效地完成任务。

本书介绍了 12 种行为法则，在我们看来这些都是善待他人之道的基石。我们会把白宫中的各种互动呈现出来作为示例，包括在公共活动的幕后或台前，我们与工作人员、同事、搭档、宾客或上司之间发生的各种问题。我们将展示如何运用人际沟通行为技巧来改善交往情况、巩固人际关系，还将分享从过失中得到的宝贵教训。

我们决定用一定的顺序来呈现这 12 种行为法则，因为每种行为技巧总是要以前置的技巧为基础。比如，如果没有自信，那么给上司讲笑话对你来说就很困难；在与办公室中讨人嫌的家伙开始较量之前，你必须先学会如何当一个耐心的倾听者。这些行为技巧能帮助那些希望与上司和同事高效合作的人、希望拓展专业人脉的小型企业主、渴望获得更持久的人际关系的人、即将进入大学的学生、职场新人、担心孩子沉迷于电子设备以至缺乏与人面对面交流能力的父母，等等。你的热情、可靠与诚实能促使他人助你一臂之力并成为你的朋友，愿意为你多做一些事情，而且这仅仅因为他们喜欢你这个人。这样的生活还不错吧？

我们知道，社交技巧不是学校教育的一部分，大多数人都依赖家庭和同龄人来学习这一重要的人生课程。这导致太多人忽视了社交技巧，甚至对其嗤之以鼻或者根本不理解其价值何在。然而，文明远不是礼仪规矩的简单拼凑。在建立行为规范的同时，我们的所作所为也在无形中塑造着心灵。我们在人前的行为将会如明镜般映射出自己对他人言行的敏感度。能否善待他人，并不由背景、收入或社会地位决定。不管一个人有多富有或出名，物质上的成功绝不能成为其恶劣行为的借口。

运用这些社交工具，你将在诚恳和机敏、聆听和分歧、尊重他人和言论自由之间找到平衡点。平静有礼、心怀善意，会让别人更喜欢你。而讨人喜欢正是一剂良药，它能让组织运转、企业兴盛，也能让普通的熟人成为你的至交。马娅·安杰卢（Maya Angelou）曾在比尔·克林顿的首次总统就职典礼上朗诵她所作的动人诗歌《清晨的脉搏》（*On the Pulse of Morning*）。安杰卢曾说过："人们会忘记你说过的话，也会忘记你做过的事，但永远不会忘记你曾带给他们的感受。"

01

自信：
培养冷静的心态，唤起他人的信任

TREATING
The Extraordinary
Power
PEOPLE
of
Civility
WELL
at Work
and in Life

相信自己，
你就成功了一半。

Believe you can and you're
halfway there.

—

西奥多·罗斯福

Theodore Roosevelt

都说来到白宫能给人一种独特的陶醉感。我们不止一次见过，身经百战的军人参观白宫时热泪盈眶。我们十分理解这种感受，因为直到今天，我们仍怀有相同的心情。

然而，这一切同样意味着，在白宫工作需要承受巨大的压力。从每天早晨大门处严格的安保程序，到空气中弥漫的浓厚的历史气息，无不在强调着这一点。托马斯·杰斐逊正是在绿厅用的晚餐；富兰克林·罗斯福曾在地图室追踪第二次世界大战的进展。

偶尔感到自己力不从心是完全正常的情况。就连人称“铁娘子”的英国前首相玛格丽特·撒切尔，也偶尔会经历忐忑不安的时刻。乔治·H. W. 布什（即老布什）与芭芭拉·布什夫妇的社交秘书凯瑟琳·芬顿（Catherine Fenton）回忆，撒切尔夫人从老布什总统手中接过颁给她的总统自由勋章之后，接连说了几句激动的话。从东厅出去时，她转向凯瑟琳，轻声问："我刚才还好吧？"

当你来到新的环境或者必须面对一大群专业人士时，需要深吸一口气，哪怕心里再没底也要自信起来。越是没把握，越要表现出自信。人们常说："留下美好第一印象的机会只有一次。"这就是你在待人之道上应该学会的第一课。

充满自信的开端能给你的工作与家庭环境带来戏剧性的转变，更有助于培养冷静的心态，以便真正出现问题时你能高效地处理。其实难题远没有我们以为的那样常见。自信的人也能唤起他人的信任，这在构筑牢固关系时是必不可少的。友善对待每一个与你擦肩而过的人，比如给同乘电梯的人道一句早安，或者夸赞一下刚刚完成复杂任务的同事，这些都属于增强力量感的做法。

不过，我们并不建议你表现得过分自信。缺乏安全感的人说话太用力，可能以为自己很有说服力，但虚张声势通常无法服人。真实的自信源于经验。在所到之处流露出安静的自信心，能让你自然而然地与别人区别开来，这就是最好的方式。

帮助我们在日常生活中增强自信的工具有三个，它们之间是自然的递进关系。第一个是保持积极的心态，第二个是为接下来的任务做好万全准备，第三个是带给他人信心，帮助别人建立自信，使整个团队进入良性循环。

不过，可别想着变化能在朝夕之间发生。建立自信需要时间和练习。无论是第一天上学、第一次当父母还是换新工作，对新的责任感到焦虑是再平常不过的事情了。我们也一样。我们两个人都曾经心怀忐忑，怀疑得到社交秘书这份工作是命运给我们开的玩笑。我们两个人与白宫社交秘书的典型形象天差地别。过去担任这一职位的人，大多来自显赫的政治家族。

杰奎琳·肯尼迪（Jacqueline Kennedy）的社交秘书是风趣、自信又迷人的利蒂希娅·鲍德里奇（Letitia Baldrige）。利蒂希娅的母亲是一名国会议员，她本人在波特女子高中和瓦萨学院与杰奎琳曾是同学，还在巴黎和罗马的美国大使馆工作过，更在礼仪与风格方面有权威著述。林登·约翰逊（Lyndon Johnson）任内的社交秘书贝丝·埃布尔（Bess Abell）是肯塔基州州长的女儿，而理查德·尼克松任内的露西·布雷西特（Lucy Breathitt）则后来成了肯塔基州州长夫人。

我们两个人都有一些政治经验，与过去社交秘书的背景截然不同，同时也有各自的局限和长处。

杰里米

我在得克萨斯州圣安东尼奥市长大，从小就极其害羞。幼儿园课间休息时，老师让我去跟其他同学一块儿玩，可我害怕这样做，就像别的孩子害怕去看牙医一样。从小学到中学，大多数的下午我都跟专门帮助克服学习障碍的指导员一同度过，因为我有严重的诵读困难症。我回答问题的时候，老师经常听不明白我在说什么。幸好，我父母意识到了这个问题，并想方设法让我接受足够的教育和训练。因此，尽管有学习障碍，我最后还是顺利地完成了学业。事实证明，政治在我克服羞怯方面发挥了很大作用。虽然我的同学大多远离政治，但我却着迷于父母的政治讨论和行动。我父母是在一次政治活动中认识的，而参与政治也就顺理成章地成为他们的生活方式。于是，尽管我在其他方面相当内向，却十分乐意展开政治讨论或辩论。

利娅

我在俄亥俄州一个与世隔绝的农场长大。跟别的孩子在一起的时候，我总是感到浑身不自在。去学校上学这件事让我十分紧张，这导致直到13岁之前，我都会在每学年开学的第一天病倒。我不知道怎样与人开始对话，怎样交朋友。由于不知道怎么跟其他孩子一起玩，课间休息也让我感到恐惧。到了高中，我的社交焦虑愈加严重，除了课堂，在哪里我都会感到痛苦。我是一个书呆子，喜欢上学，却害怕午饭时间的食堂，是大学让我脱胎换骨。我喜欢自由自在地在新的地方开始新生活，也沉浸在对政治和历史的爱好中，还交到了一生的好朋友。但社交焦虑就好比慢性病：你无法真正治好它，只能学着与它共处。

在许多年之后，我接受了社交秘书这个职位，其中一个动机就是证明自己能够克服过去以为会延续一生的失败。要是我能早点儿知道就好了！恰恰是儿时被排斥的感受，帮助我在日后的生活中获得了更好的共情能力。如果你曾经是一个局外人，就会有强大的动力伸出手，让别人不再像过去的你一样孤立无援。

我们的经历证明，自信是一种可以通过学习获得的能力。毕竟我们两个人在开始时并没有什么自信。尽管有些幸运儿天生就拥有自信，但事实上，任何人都能获得足够的自信，在这个世界上更轻松地生活下去。

许多年之后，我们两个人交流了第一天到白宫上班的经历，不禁哈哈大笑。原来，我们对糟糕结果的想象有着惊人的相似之处：一个壮硕的特工将我们扔到宾夕法尼亚大道上，怒吼一声：“给我在外头待着！”

每个人心中都有对最坏情况的个人预想，这是人之常情。当这样的画面闯入脑海时，最好放任自己想一会儿，然后认定它是不会发生的事，再将其抛到脑后去。利娅最大的恐惧是被总统本人或者劳拉·布什责备，因为他们总是能控制住情绪，要是连他们都发火了，那一定是发生了可怕的灾难；杰里米最大的恐惧则是不速之客闯入活动现场。

在陌生的情境中，产生自我怀疑是正常的，但最好不要表露出来。相信他人会看到你的能力和技巧吧。能得到今天的机会，一定是因为你有自己的优点。

保持积极的心态

自信会传播出去。它能让人放松，也能让人在紧绷或窘迫的时刻轻松下来。积极乐观的人更讨人喜欢，更平易近人，也更容易令他人同样以礼相待。这可不只是关于第一天上班的建议，每一天你都应当尽量流露出乐观的精神和信心。华盛顿流传着一句话：最优秀的白宫幕僚人员从不给总统和第一夫人带来麻烦，而只会带来解决方案。我们的顶头上司始终对我们解决问题时的热心态度抱以信心。以乐观心态面对陌生的情况，是拥有持久自信的第一步。

杰里米

在3月的一个凉爽的早晨，我在明媚的阳光中走进白宫大门，开始了作为白宫社交秘书第一天的工作。我感到精力充沛，可还是无法控制地感到紧张。我来到了一个什么样的地方？我真的能完成工作任务吗？在白宫工作的所有人都信心十足，充满雄心壮志，我担心自己可能无法融入其中。

在我的工作日程表上，第一项就是在西翼椭圆形办公室前大厅对面的罗斯福室参加高级幕僚人员的晨会。会议中幕僚长坐的椅子，正是总统在这里开会时的保留座席。与隔壁内阁会议室一样，这把椅子的椅背稍高，形成了一个象征权力的微妙符号。最高级别的顾问坐在长方形的桌子旁，其他人都站着。会议开始了，日程安排主管丹妮尔·克拉奇菲尔德（Danielle Crutchfield）报告了总统的日程，随后是白宫通讯联络办公室的工作人员讨论当天的谈话要点和主要问题。与会者根据需要做简报，或者报告最新情况。我的手在发抖，但比起害怕，更多的是兴奋，因为我终于意识到自己在哪里。我暗自感叹，有幸在白宫的罗斯福室开始新的一天，真的很难不快乐！

就在会议结束之前，幕僚长比尔·戴利（Bill Daley）将我介绍给其他人。之后他问道："我怎么才能得到你刚离开的那份工作呢？"我之前在巴黎的美国大使馆担任大使的高级顾问，这份工作是政府部门最令人垂涎的工作之一。听到这个问题，我跟所有人都一起笑了起来，心里却在犯嘀咕：我为了白宫放弃了以前的工作，将来会不会后悔啊？但是直到最后，我一秒钟都没有后悔过。

我是担任白宫社交秘书这个职位的第一位男性，因此这次委任得到了特别广泛的媒体报道。散会之后，美国国家经济委员会主任吉恩·斯珀林（Gene Sperling）向我走来，说："伙计，谁是你的公关？"我紧张地笑了，希望媒体报道就此告一段落，并打算以后低调行事。

高级幕僚会议之后，我来到战情室，里面嗡嗡作响。我出示了崭新的白宫徽章，在门口检查过手机，穿过一个房间，里面满是监控屏幕和紧盯这些屏幕的人。我拿起总统每日简报，上面记载了接下来 24 小时内总统的活动细节，扉页上印着我的名字。我简直不敢相信：我真的来到了白宫！

从我的办公室的窗子朝外望去，能看见官邸和南草坪。我用印着总统印章的环保杯喝冰茶，望着总统的“海军陆战队一号”直升机降落又再起飞。在最初的日子里，它的每次出现都能震撼我心。到后来，我和同事已经对它完全熟视无睹了。我的办公室的窗户其实是门，打开后能直接走到花园室正上方的白宫屋顶。助手提醒我，出去之前先给特勤局打个电话，免得被狙击手打死了。

“这种事难道不应该在窗户上贴一张提示吗？”我惊呆了。

会议一场接着一场，我接受了轮番的信息轰炸，了解了各种由社交办公室负责的活动。那天晚些时候，我开始不知所措，但没有表露出来。我知道，从开始就保持积极心态是很重要的，于是决定专注于感受高涨的兴奋心情。我不断提醒自己，只要自然地表现就好。重要的是，我要给下属信心，让他们放心跟随我的脚步。我知道他们最不想要的就是一个犹豫不决、力不从心的上司。

从我上班第一天开始，总统和第一夫人就十分热情，这也对提升我的自信有所帮助。当我走到西翼总统助手座位所在的区域时，助手小姐热情地向我问好。不久后，总统从办公室出来了，与我握手，请我进入椭圆形办公室。这里更像是电影布景而非真实的房间，明亮而朴素。很可惜，那时的对话我忘得一干二净，只记得总统的诚恳拥抱让我立刻放松下来。他让我心里有了归属感。我们谈笑了一会儿，白宫摄影师皮特·苏扎（Pete Souza）拍下了照片。一个星期之后，我的办公桌上就放了一个巨大的白宫信封，里面是我作为社交秘书第一次拜访椭圆形办公室的留影。我开始感觉到，这将会是我新的生活常态。

那天下午，我收到圣安东尼奥市一位朋友发来的电子邮件。他给我发来一张美联社的照片，上面是我和助手从西翼走出来的场景，配字是“他入职了”。我又一次强烈地感觉到这个新职位所具有的巨大压力。出任何差错都会导致我在公众面前陷入困窘，而且尴尬的不仅仅是我自己，更会连累总统和第一夫人。

在与幕僚人员会面并了解白宫布局的同时，我确保自己与遇到的所有人都进行眼神交流，并始终注意自己的姿态。站直能让你看上去更自信，你自己也会感觉更自信。我特意向每一个人打招呼，向正在坚守工作岗位的特勤局特工、管家、园丁等人问好、寒暄，并介绍自己。我跟大家打趣道："我几天前才在巴黎机场的免税商店买了这条领带，就是为了用完剩下的最后一点儿欧元。"这条领带的颜色很醒目，呈现出一种不太对头的橘色。人们就此发表了一些观点，有人喜欢，也有人不以为然。奥巴马夫人在将我迎入她在东翼的办公室时惊呼道："天啊……你的领带！"我愣住了，然后才意识到她的公关主任克里斯蒂娜·沙克（Kristina Schake）告诉了她，早些时候大家是如何拿这条领带开玩笑的。大家都大笑了起来，奥巴马夫人热情地拥抱我，欢迎我加入白宫这个大家庭。

几个小时后，蓝厅举办了战斗指挥官晚宴。这是一年一度的款待活动，邀请五角大楼的顶级军官及其配偶参加。一切细节都已安排妥当，留给我的唯一任务是迎接宾客。这个历史悠久的房间可谓美轮美奂，面朝南草坪，能看见华盛顿纪念碑和杰斐逊纪念堂。我仍记得自己当时满怀敬畏之心。宴会结束后，我陪同奥巴马夫妇从蓝厅走到电梯处，他们将乘电梯回到住处。在将来，这成为活动结束后的惯常做法。我仿佛在历史中漫步。亲切的新上司增强了我的信心，让我能够扮演好自己的角色。

我们可能都有一些自己视而不见的优势。我刚开始在白宫工作时，的确拥有很大的优势：自 2007 年 2 月总统竞选活动开始以来，我与几名同事创办了一家募款咨询公司，当时就已经开始为奥巴马夫妇工作了。筹募资金、向加利福尼亚州人民介绍当时知名度还不太高的参议员奥巴马，使我与奥巴马夫妇之间建立了融洽的关系。他们已经习惯了我的幽默感，我也证明了自己是他们的一个忠诚支持者，这是我的一大优势。与总统夫妇共事诚然令我心生敬畏，但在他们入主白宫之前就与他们打过交道的经历帮我减轻了这种敬畏感。在工作第一天就这样提醒自己，让我后来顺利转换了角色。我明白过来，除了自己的疑虑，我担任这个职位实至名归。

请记住以下几件事，它们能帮助你保持积极的心态：

记住你自己的优势。在不确定的新环境中，你很容易自乱阵脚，满脑子都是自己不知道的东西。尝试回想一下你自信的理由，它可能是经验，也可能是努力工作的意愿。想想你能带来的有价值的东西，并以此为傲吧。

与周围的人建立友好关系。问问他们今天过得怎么样，讲个笑话，让别人觉得你是一个坦率、积极的人。记住某人的生日，和同事道个晚安，你会把自己塑造成一个能够令人感到愉快的人。

对事物抱以乐观的态度。预设一段时间，让自己保持心情愉快，可以是几个小时，也可以是一天。把这当成一种有意识的选择，毕竟有时日常生活就是要与你作对。当你发现最喜欢的衬衫上有污渍或者车子无法发动时，保持心情轻松愉悦并不容易。但还是要尽可能地摆脱负面情绪，专注于正确的事情。这是一个循环：良好的心态让人更容易保持乐观，不久就会成为习惯。

杰里米

我刚到白宫时，社交办公室之前已经有过两任社交秘书，而且刚刚在万众瞩目的国宴上出了安全问题，大家的士气正处于低谷。白宫的工作人员工作时间长、薪酬相对低、压力极大，还必须始终保持最佳状态。但与此相对，他们得到了为国家服务的宝贵机会和提升职业生涯的机会。据说，白宫工作人员的平均在任时间为 18 个月。在我抵达白宫时，从总统竞选活动开始算起，部分员工已经工作了将近两年，他们感到疲惫不堪自然在情理之中。

然而，我无法抑制自己来到这里的兴高采烈的心情。有一次，一名特勤局特工告诉我，我从西翼走到大楼的一路上“几乎要跳起舞来了”。我转过头看着下属，他们神色严肃，面带忧虑。于是我说：“让我们再看看自己身处的地方吧！我们正在白宫工作，每天与总统和第一夫人共事，却不用做出生死攸关的决定，也无须操心战争之类的大事。尽管我不想剽窃迪士尼的广告词，但是全世界还有比这儿更让人开心的地方吗？”

我希望提醒他们，我们能来到这里有多幸运，同时还想让团队工作变得更有意思。很多时候我会讲一些自嘲的小故事，希望让他们明白我也是能开玩笑的。还有的时候，我会请求同事给我讲讲我来到社交办公室之前发生过的趣闻。我们的工作虽然重要，但不应该把自己看得过高，强调这一点非常重要。奇迹并没有在一夜之间发生，不过到最后，团队朝着我希望的方向发展，成了一个温暖而有凝聚力的集体，这是最让我骄傲的事情。

做好万全准备

建立自信是重要的第一步。接下来，就是要为手头的工作做好万全准备。

白宫于 1792—1800 年建成，面积不大，工作人员却不少。今天提供的娱乐接待空间仍然与约翰·亚当斯（John Adams）和阿比盖尔·亚当斯（Abigail Adams）夫妇时代的一模一样。国宴厅能容纳140人，用来举办午宴或晚宴，而东厅能容纳的人数则达200人。东翼于1942年建成，用于掩护总统紧急行动中心。直到今天，第一夫人办公室、来访办公室、军事办公室以及国会事务办公室下属的员工仍然全部挤在东翼。这里地方不大，因此每个人都清楚地知道自己的职责和工作方式就显得尤为重要。

米歇尔·奥巴马和劳拉·布什这两位上司时刻都在为大小活动做好准备。劳拉·布什会阅读社交办公室关于活动如何开展的详细资料，之后如果还有问题，就让私人助手给利娅打电话询问。在每次活动前，米歇尔·奥巴马都会聆听社交办公室的详细讲解，包括她应该从哪里入场、是否有提词器等。她先耐心地倾听，之后再重点关注特别需要注意的具体细节。第一夫人还要提前了解宾客。她们会去了解每个人的背景，以便做到友好待客。事先做好准备也是一种周到的表现。

利娅

2004年，我刚担任白宫社交秘书，本来不至于如此紧张。对我来说，工作内容早就十分熟悉了。与杰里米一样，我过去也有相关的工作经验。我先前担任过副总统理查德·切尼的社交秘书以及副总统夫人琳恩·切尼的幕僚长。2004年11月，劳拉·布什雇用我担任她的社交秘书。没想到从白宫一侧迁移到另一侧，竟像登上一颗陌生的星球一样。每天，当我开车到白宫广场，在门口出示通行证时，心里就开始打鼓。穿过三道安全检查岗之后，我离白宫越来越近，之后被引导到东翼门外停车，这与在副总统那一侧工作有天壤之别。在那座毗邻白宫的大楼里，我只不过是几千名工作人员中的一个。停车场本不是让人感怀的场所，但正是从这里我最先感受到，一切都发生了翻天覆地的变化。停车的地点、特勤局特工的“早上好，秘书女士”的问候，以及官邸工作人员的驻足致意，所有这些小事都增强了我的信心。

当你来到新的工作岗位或环境时，至少要去找一件你能够掌控的事情，这会给你带来莫大的帮助。下面是我学会的一个小窍门：得体而舒适的穿着打扮，能减轻人在陌生环境下的焦虑感。上班第一天，我选择了最喜欢的石南绿羊毛套装，而在这之前的一个星期，我出席小布什夫人的面试时也穿了这套衣服。当我来到官邸时，小布什夫人对我说的第一句话就是：“啊，我也有那套衣服！”后来发现，我们在很多事情上都不谋而合，比如喜欢的花卉和食物类型。小布什夫人喜欢将健康的时令食物以自然的方式装盘，而不是以较小的量堆砌成塔状。和我一样，她也对待客之道深有研究。从第一次面谈开始，小布什夫人就很友好而包容，而那套绿色的套装也成了我的幸运服装。

在最初的几个星期里，我与上一任社交秘书凯瑟琳·芬顿密切合作。根据劳拉·布什的建议，我们要有一段交叉的工作交接期，好让我在体验忙碌的白宫圣诞节的同时熟悉工作。我很感激凯瑟琳的指导，但两个社交秘书同时在场会令情况变得复杂，给其他工作人员带来混乱。凯瑟琳本人也绝不希望在最后忙乱的几个星期里有个实习生跟在后面。她始终对我保持高度的亲切和耐心，这种与人为善的态度是这份工作的关键所在，而她也是我永不会忘记的榜样。

每一天我们都要去内务大管家的办公室、厨房和巧克力店巡视。白宫的巧克力店是一个狭小而冰冷的不锈钢房间，甜点厨师从这里端出新鲜的糖果和特别的点心。即使在没人的时候，房间里仍然萦绕着一股甜香。我结识了两位将要与我密切合作的同僚：白宫花艺师南希·克拉克（Nancy Clarke）和白宫大管家加里·沃尔特斯（Gary Walters），两人都在岗位上工作几十年了。我把问题朝他们一股脑儿地全倒了出来。大管家负责总统官邸的日常运营，管理着 90 名长期员工。我没完没了地提问肯定相当烦人，尤其是在这个忙碌的时期。但我就是忍不住想问，渴望了解一切。幸运的是，南希和加里热爱他们的工作，很高兴去解释这里的运作方式。

凯瑟琳为我在东翼找了一间空办公室，让我浏览一些重要文件。在超过 1000 个文件夹中，记载着过去 4 年白宫活动的细节。我钻进这个临时办公室，开始如饥似渴地阅读。我记下了一长串问题，并将小布什夫人告诉我的新职责都列出来，其中有一部分正需要我与新结识的这些人进行对话和复杂的交涉。

首日工作结束后，凯瑟琳又为我带来一张布什家族的照片，上面有 100 多个人。她说："你应该去试着记住布什家族所有人的名字和长相。他们的联系十分紧密，其中一些人会经常来访。我们必须能认出这些布什家族的成员，这样才能更好地接待他们。"在当时，这看上去是一个不可能完成的任务，但到后来我发现，这是一个极好的建议。家族成员确实会定期来访，花费工夫去记住他们就意味着能够做到热情接待。每当听说芭芭拉·布什或者老布什总统要来到大楼，官邸的工作人员就会从暗门现身，送上愉快的问候。

那天夜里，我把照片带回家研究，满脑子都是清单、更多亟待提出的问题以及第二天要去找的人。我开始在床头柜放上记事本和笔，以记下晚上浮现在脑子中的问题。未来将会发生的事令我兴奋，我决心从各个方面着手开始新的工作。正如美国海军陆战队的格言所说的，我们要做的是：应变、适应和克服。

以下几个具体的做法，能让你在上班第一天和之后的每一天都做好万全准备：

事先预习。在第一天上班前，去调查一下你将要加入的这个团体，了解一下你未来的同事和他们已有的成就。如果你要专门处理特定的客户或者地区，上班第一天你就应该了解相关的背景知识。来到工作地点之后，千万别羞于提问。你学到的东西越多，就越有可能变得更优秀。你还可以在工作机构里寻找知识的来源，向曾在你的职位工作过或者拥有类似经验的人提问就是很好的做法。大部分人都乐意提供建议，这么一来，你不仅得到了更多的知识，还结交了盟友。

着装合宜。在前一天晚上你就要选好着装，选择庄重又不失舒适、与周围环境相配的衣服。这样做似乎显得过于刻意，但你能免于事到临头才发现纽扣掉了或者裤子上有污渍的尴尬，还能省下早晨的时间。提早决定着装就不必再为此烦心了。为了让自己感觉更自信，多花一些心思是值得的。此外，你还要关注其他人如何着装，尤其是你的上司，这样就能大体上了解怎样的着装在这里可以被接受。但要记住，无论你的办公室环境多么宽松，整洁的衣着和外表总能显示出风度。当你受邀参加聚会但又不知道该穿什么时，不要犹豫，去问聚会主人吧。这总比穿着错误的衣服陷入尴尬的处境要好些。

关注他人的同时也要接受别人的目光。躲在自己的办公室或者隔间里，不能传达出自信的感觉。在新的环境中到处看一看，了解所有工作流程，与你将要共同工作、学习或生活的人熟悉起来，才是一切的关键。去找那些能让你熟悉新环境的人，表露出与这些人建立友好关系的意愿。保持活力与好奇，让其他人知道你希望未来大家能合作愉快。

带给他人信心

美国第一夫人的生活并非只有车队、*Vogue* 杂志封面、出国旅行和接待世界各国的领导。在今天，我们期望美国第一夫人努力工作，自行完成宣传活动，拥有鲜明的政策立场，并为所有人树立榜样。等待她们的是无穷无尽的人海：带着日程表和问题的幕僚、有求而来的朋友和熟人、想做采访的新闻记者，还有一些只是希望她们在场的人。第一夫人们在高压下的生活仍然可以流露出自信，甚至还会为他人带来自信。

所有人受到夸奖都会高兴起来。通过在官邸中举办午餐会、员工生日派对，在当地餐厅用餐，还有到邻近的博物馆参观，米歇尔·奥巴马和劳拉·布什总能让员工感觉自己受到了重视。米歇尔·奥巴马的员工最难忘的事情是在戴维营[①]度假的殊荣。他们会在戴维营进行团建活动，早晨是嘉宾演讲，余下的时间就在游泳池边休息、打高尔夫球、踏青，或者坐着高尔夫车四处兜风。她以这样的方式，让员工们明白，自己的努力是被重视的。

利娅

劳拉·布什作为第一夫人，在与官邸的工作人员打交道方面积累了多年经验。她对人性的观察可谓细致入微。小布什夫人以一种低调而高效的方式管理员工，设定了清晰的权力边界，建立了一套让一切平稳运转的日常流程。在过去，所有白宫活动的菜单上的每一道菜都要经过她的审核。上班几个星期后，我照例到加里·沃尔特斯的办公室去。他把接下来几个星期的菜单递给我，同时对我说："布什夫人今天早上告诉我，她不需要再审阅菜单了。她说从现在开始，菜单由你来审核。"加里顿了顿，以一种欣赏的眼光看着我，说："我在白宫这么多年，这还

① 戴维营（Camp David）的正式名称是瑟蒙特海军支援设施（The Naval Support Facility Thurmont），是美国总统的休假地。——译者注

是第一次呢。”

事情很快就传开了。劳拉·布什以巧妙的手段让所有人都明白她对我十分信任。这样一来，其他工作人员便会尊重我，我也知道了她对我努力工作的感谢。我们当时相互之间了解还不深，但她对我的信任让我对成功更有信心了。

所有人在工作中都难免要经手重大的项目。其中，协调能力、准备工作、想象力和运气缺一不可。对一名白宫社交秘书来说，国事访问欢迎仪式就是这样一次必经的考验。从大门处的特工人员到横笛鼓号军乐队、厨师、管家、花艺师、挥舞彩旗的宾客和社交助理，社交秘书总共需要组织数百人，需要安排并引导他们各司其职。有的节目会邀请著名艺人参加，这些艺人可能迟到、可能紧张，也可能服用过受限的药物。技工和职员也有出错的时候，如读错到访领导人所在国家的名字，成为事后人们不断提起的话柄。有些重要宾客可能会因为未被安排与总统坐在一桌而感到不快。服装出错、忘记歌词、麦克风发生故障、保安抵达通知做得不好，都是可以预见的情况。在这一切的混乱中，是上司给了我们能做好任何事情的信心，也让我们真的做到了最好。

这些做法并不是只在国宴这样的场合中才适用。使人们融入群体能提供安全感，让人感到自己属于更大的集体。你只需在当地烧烤店每周组织一次简单的员工午餐，就能产生类似的效果。这种为其他人提供信心的方式十分强大，却又意外地很简单，如果拒绝给予则会伤害他人。我们应该让别人感到自己被接纳和欢迎，毕竟没有什么比与他人和平共处更能带来信心的事情了。

杰里米

2011 年 6 月初，德国总理安格拉·默克尔来访。我初来乍到，第一次负责国宴事务，肩负着巨大的压力。我在巨大的张贴板上标明了奥巴马夫人在不同的时间点将会走到哪里、站在哪里，还包括从欢迎仪式到夜晚的时间表。晚宴结束后，奥巴马夫妇将陪同默克尔夫妇步行到停在南车道上的轿车处，这个地方离举办晚宴的玫瑰花园不远。我的副手从总统就任以来就一直在这里工作，比我更了解这些流程，任何礼仪上的问题他都能帮上忙。我开始讲解当天的流程，但十分紧张，奥巴马夫人就鼓励我说："其实哪有那么难？都是他们小题大做。只要跟着我们做就好了。"我们把所有流程过完一遍以后，她又说："棒极了！一定没问题。"她还冲我们眨眨眼，以示对我和其他工作人员很有信心。她轻松的状态让我们面对的事情显得不那么困难了，也让我们能深吸一口气，一头扎进接下来的活动中。接待德国总理的国宴最终取得了完美的成功。

下面是一些关于如何带给他人信心的建议：

奠定基调。主动表露善意、欢迎和坦诚。在职场上带领大家做一个项目时，你得在团队会议上逐一欢迎每个人。提前想好你要说的话，预想一些可能会出现的问题。之后，随着讨论的深入，把每个团队已经为项目做出的贡献和你对他们未来的期望分开看待。这样，你就能逐渐获得并一直拥有身边所有人的信任与尊重。

言语和善。如果你的女儿所在的足球队毫无还手之力，连输 4 场，而你是队伍的教练，那你就应该提醒她们多根据对手的战略来优化自己的战略。如果你的朋友在找工作，并且因为多次无法通过第一次面试而开始灰心丧气，那你就应该帮他找到问题并解决，告诉他你对他有信心，他一定能找到理想的工作，好使他重新振作起来。既然他人的信任曾鼓励过你，那么同样，你也应该慷慨地告诉别人，他们身上有哪些闪光点。

把握平衡：要自信，不要傲慢

在努力增强自信的道路上，聪明人绝不会忽视谦逊的重要性。毕竟最高效的领导者往往信心十足，而非自以为是。在第二次世界大战中，巴顿将军因其卓越的战略才能和目中无人的傲慢闻名于世。他对自己军团的下属、盟军的将军和俄罗斯人发作的怒火已经超越了不得体的范畴，让上级的指令无法执行。尽管巴顿将军作为军事领袖的才能有目共睹，但仍然因此受到了惩罚，被禁止参与一部分作战任务。

如果你从未产生过怀疑，如果你从来没有彷徨过，如果你总是大手一挥就将他人的顾虑抛诸脑后，那么你很可能是过于自信了。妄自尊大会导致严重的误判，同时无异于自我沉溺，即用虚张声势和浮夸来掩盖内心的不安。其实自大的人只是一心渴望受人仰慕，对形势谈不上真正的理解。

杰拉尔德·福特（Gerald Ford）总统总是能在保持自信的同时保持谦逊。当国会的同僚奉承他时，他马上就会说："我是福特，又不是林肯。"福特一家入主白宫几个星期后的一个清晨，白宫管家加里·沃尔特斯接到总统的电话。福特总统在电话中说："我这儿没有热水了。"加里立刻派了一名工程师过去维修。他回应道："没关系，其实这两个星期以来我这里都没有热水。我去用夫人的洗澡间好了。"加里听说总统搬入白宫以来一直没有热水洗澡，十分震惊，但同时也叹服于这位新总统云淡风轻的态度。难怪福特总统深受官邸工作人员的敬爱。

虽然我们十分鼓励人们要有自信，但要把握好尺度：不要妄自尊大，傲慢的结果是离心离德，自信却能鼓舞人心。

02

幽默感和人格魅力：化解尴尬时刻，更好地与人沟通

TREATING
The Extraordinary
Power
PEOPLE
of
Civility
WELL
at Work
and in Life

幽默感是领导能力的一部分。
它既能让你更好地与人相处，
又能让你在做事时如虎添翼。

A sense of humor is part of the art of leadership, of getting along with people, of getting things done.

—

德怀特 · D. 艾森豪威尔

Dwight D. Eisenhower

幽默感能让我们放松下来、敞开心扉交流，使我们的关系更密切。一句时机恰当的玩笑话，就像一根扎破气球的针，总能瞬间瓦解尴尬。谈话的气氛为之一变，我们也就能够从头再来，解决先前的问题。在剑拔弩张的情景中开玩笑固然有风险，但既然你已经比之前更自信了，那么就应该开始学习幽默感这一常常被低估的沟通技巧。

人们常会以“有趣”或者“无趣”来评价自己，仿佛这是天生的特质。这种想法大错特错。的确，有些人好像一生下来骨子里就带有幽默细胞，但对大部分人来说，幽默感是一种后天习得的能力。就像自信与坚持一样，只要持续练习，你就能学会如何变得更加幽默。我们会告诉你如何开发幽默感，如何使它在高压的场合中发挥作用。幽默感甚至还能让我们在四面楚歌时脱困，宛如一个护身符。

杰里米

有一天下午，我陪同喜剧演员吉米·法伦（Jimmy Fallon）参观白宫。米歇乐·奥巴马当时正在为《动起来！》的录影做准备，这是一个呼吁防治青少年肥胖症的节目。法伦当时是美国广播公司电视台《吉米·法伦深夜秀》的主持人，他的节目接档了之前由杰伊·莱诺（Jay Leno）主持的《今夜秀》。当我们走进外交接待室时，法伦看了看自助餐桌，上面稀稀拉拉地摆放着瓶装水、苹果和一些小吃，但符合电视节目录制现场的基本规格。他装出失望的语气说："就这些？"

"莱诺来的时候能比这丰盛些。"我一本正经地回答。

法伦看了我一会儿，哈哈大笑起来。无须多说，录制进行得很顺利。通过幽默感，我与法伦之间建立起了良好的沟通渠道，化解了一度弥漫在空气中的紧张气氛。

有一次，当奥普拉·温弗里和盖尔·金（Gayle King）一起到总统官邸参加私人晚餐时，我的幽默感同样派上了用场。盖尔当时正因《CBS 早间新闻》红极一时，而奥普拉的电视节目早在几年前就已经完结了。

我先是热情地拥抱了盖尔，奥普拉在一旁瞥了我一眼，仿佛在说"那我算什么"。之后，我倾身去拥抱奥普拉，并打趣道："毕竟盖尔在电视上天天见呢！"我和奥普拉都笑了。

我内心响起过怀疑的声音：这真的是我该说的话吗？但当我走上前去，奥普拉用她那标志性的语调喊我"杰——里——米！"时，四周立刻洋溢起欢快的气氛。无论这些宾客的名气有多大，我的工作就是让他们感到放松、自在和宾至如归。

学会运用幽默感

每一任美国总统都知道，幽默感能让自己显得更加平易近人。奥巴马就拥有敏锐的幽默感，他特别懂得通过把握时机来制造喜剧效果，并且还知道如何根据场合恰到好处地表现自己。每年感恩节，在女儿的陪同下，奥巴马都会“赦免”一只火鸡，并讲一些冷得要死的老爸级笑话。2016年是奥巴马最后一次在任上举办“火鸡赦免仪式”，这一次他两个年幼的侄儿代替了已经进入青少年的两个女儿。奥巴马给大家讲的冷笑话是：若吃饭时有人告诉你，你实在吃得太多了，要少吃一点儿，那么我希望你能大声地说出代表饥民精神的口号——我们就是能吃（Yes we cran）！①

罗纳德·里根也特别爱讲笑话。据说，里根甚至不怕跟英国女王说笑。1982年，里根与英国女王在温莎城堡的庭院中骑马，女王的马似乎有一些肠胃胀气。女王说：“天哪，总统先生，我太过意不去了！”里根回答道：“没关系，女王陛下，我还以为病的是马呢！”

吉米·卡特（Jimmy Carter）在卸任后也没有停止自嘲：“现在我在美国的声望总算上来了，谢天谢地——人们向我挥手时，都是张开手用五根手指挥的，而不是用那一根手指。”

卡尔文·柯立芝（Calvin Coolidge）是出了名的沉默寡言的人。在一次晚宴上，坐在柯立芝身边的年轻女子告诉他，她和别人打了个赌，至少能让他说出三个词。柯立芝答道：“You lose.”（你输了。）

① 奥巴马在2008年的总统竞选口号是“我们一定可以”（Yes we can），在这里他将can改为cran，一语双关，指常用作伴碟的蔓越莓（cranberry）。——译者注

亚伯拉罕·林肯特别擅长自嘲和讲故事，尤其是在进行与利益有关的冗长会谈时。林肯曾说过：“要不是我还能讲讲笑话，我早就不堪总统的重任了。”林肯最爱讲的故事是这样的：有一次林肯在修栅栏，一个手持步枪的男人走了过来，要求林肯直视他的眼睛。林肯照做了。两个人花了几分钟时间大眼瞪小眼，最后，这个男人对林肯说，多年前他曾经发誓，要是遇到一个比自己更丑的人，就把那人杀掉。林肯看了看男人手上的枪，然后解开衬衫露出胸膛，大声道：“那你杀了我吧。要是我比你还丑，我也不想活了。”

幽默感是主观的，同时也取决于具体情境。能让一个人笑得拍大腿的笑话，对另一个人而言也许会构成严重的冒犯。我们再怎么喜欢埃米·舒默（Amy Schumer）和克里斯·罗克（Chris Rock）这些喜剧演员的表演，也不能把他们的一些笑话随随便便地对老板说，更别指望老板能像观众那样做出热切的回应。讽刺性的幽默同样难以驾驭，很容易适得其反，在网上尤其如此。黑色幽默最好只在亲朋好友的小圈子中分享。

讲笑话必须选择一个安全的话题，人们身上常见的一些无伤大雅的小毛病就是很好的素材，而涉及性别、年龄或种族歧视的笑话可不是什么好笑话。你也许会问：“这还用说吗？”可遗憾的是，确实有很多人不知道。在开玩笑之前先问问自己：这个笑话是会让人觉得被冒犯，还是会使他们找到共鸣，一起开怀大笑？可能伤害别人的笑话最好不说，就这么简单。

幽默能使我们更快地适应环境，更灵活地应对挑战，也能防止细微的分歧发酵成真正的冲突。幽默可以是失败或失落时疗愈自我的第一步。如果在一场进展不太顺利的会议上，两个竞争对手互不相让，那么愿意说笑话缓解紧张局势的那一方总是会显得更加自信、乐观，也更有获胜的决心。

我们发现，建立幽默感的最好方法是仔细观察自己和他人，把握语境和时机的细微区别，而这一切都能够在后天学会。

并非人人都能马上与你亲近起来。也许对方还在等待，想看看你是否值得信任，或者对方生性腼腆，或者他只是不喜欢你的发型罢了。想化解别人对你的疑虑或者笼络潜在的竞争者，最简单的方法就是自嘲。唯一不会因为你的嘲讽而带来负面后果的人就是你自己。大家会因此明白你也是人，像其他所有人一样容易犯错，但重要的是你有自知之明，并且敢于一笑了之。利娅在白宫督察各项活动的进展时，总是会对她的同事喊道："我又来了！想我了吗？"

林登·约翰逊总统极其威严，但他同样勇于嘲讽自己的错误。他的社交秘书贝丝·埃布尔曾回忆起总统因为朝她"发火"而道歉的往事。1967年9月，为了向希腊康斯坦丁国王和安妮－玛丽王后表达敬意，约翰逊夫妇决定在国宴厅举办一场140人的午餐会。上了主菜之后，站在宴会厅外的贝丝突然听见总统怒吼道："停！大家把叉子放下，叫贝丝进来！"贝丝赶快走进去，只见宾客们面带惶恐，一动不动，所有的眼睛都望向总统。总统在主桌前站起来，转向贝丝吼道："肉坏了！我切开的时候，里面渗出了东西，还有一股怪味儿！"

贝丝冷静地回答道："总统先生，今天的主菜是罗西尼牛排。嵌在肉里的是法式鹅肝，那是鹅肝的味道。"约翰逊总统放下心来，对其他人说："那吃吧，没问题。"他若无其事地重新入座。贝丝溜出房间，挺过了一次社交秘书常会遇到的危急时刻。

几天后的一个夜晚，约翰逊给贝丝打了个电话："你还记得那天午餐会，我以为肉坏了的事情吗？"

“记得，总统先生。别担心，我们不会再上那道菜了。”贝丝马上向总统保证。

“幸好你告诉了我那是什么，要不然今天晚上我就要当着华尔道夫酒店900人的面出糗了。”总统挂了电话。他就这样以说笑的方式，向贝丝道了歉。

小布什总统经常因为口误而成为喜剧演员打趣的对象，但他从不因此而感到困扰，因为他了解笑的力量。喜剧演员对小布什总统的玩笑在白宫受到了热烈的欢迎。美国国家高级安全官员例会被重新命名为“战虐会议”（The Strategery Meeting），这个说法源自威尔·费雷尔（Will Ferrell）在《周六夜现场》节目中扮演布什时为了讽刺他而故意出现的口误。另外，像“错低估”（misunderestimate）和“我是决定人”（I'm the decider）这样的词或短句也成为白宫西翼词典的一部分。[①] 小布什总统甚至还抢在喜剧演员之前嘲讽自己。例如，在2005年记者晚宴开场时，他说：“希望在这次晚宴上，我能做到刻意地搞笑。”小布什总统始终很清楚，当一个人敢于自嘲时，诋毁就失去了力度。

杰里米

那是奥巴马总统第二次就职典礼之后不久，由白宫通讯联络办公室每周制作的网络短片《白宫周报》录制结束之后，我与他见面了。我们从几天前就职典礼舞会结束后就没再碰过头。总统从蓝厅走出来，将手

① strategery 的正确写法应为 strategy（战略）。misunderestimate 是小布什曾说过的一个生造词，糅合了 misestimate（错估）和 underestimate（低估）。I'm the decider 是小布什在面对国防部长唐纳德·拉姆斯菲尔德（Donald Rumsfeld）受到质疑时做出的回应，这种说法在英语中显得极不自然，因此被很多人讥笑。——译者注

放在我的肩膀上，轻声说：“我没有冒犯的意思……但你的舞实在跳得不怎么样啊！”有那么一小会儿，我感到很难堪，但我知道总统说得没错，于是立刻想让他知道我并没有因此而受到冒犯。我回答道：“总统先生，您可能不知道，很多人说我跳出了自己的风格呢！”顺着玩笑说下去，既能让对方知道你没有生气，又能让气氛保持轻松。

在职期间，我蹩脚的舞技一直是大家的话题。假期摄影结束之后，房间被清空，我就开始大跳“杰里米之舞”。总统也会加入，而且还会尽量跳得更糟糕些。甚至在为我举办的欢送会上，总统还谈到了这件事，之后我们共同跳了最后一支“杰里米之舞”。皮特・苏扎拍下了这一刻，这张照片也被选入那一年的白宫年度最佳摄影作品。

在工作中不忘寻找乐趣，充分表明了奥巴马夫妇对白宫所有工作人员的期望。他们一方面希望我们拥有专业精神，另一方面也希望我们能充分享受工作的过程，做真实的自己。

利娅

小布什总统曾经用自嘲式幽默帮助了我女儿。那是在我的白宫送别会上，我女儿艾丽斯当时 14 岁，被安排坐在他身旁。当乔治・W. 布什总统问她学校生活怎么样时，她悄悄地告诉总统：“我的代数挂科了，但还不敢告诉妈妈。”总统听了，打断了餐桌上的谈话，转向我说：“妈妈！艾丽斯的代数没考好，但你别担心，因为我在学校时成绩也不怎么样，你看，最后我也混得还不错嘛。”他耸耸肩，让大家看清楚我们正坐在哪儿：我们正待在白宫黄色椭圆形办公室中，从这儿的杜鲁门阳台望出去，就能看见远处的华盛顿纪念碑。一桌人大笑起来，艾丽斯笑得最厉害。

多年后，小布什总统再次看到艾丽斯，跟她打招呼：“你毕业了吗？”

"我已经上大学了！"她高兴地说。

他微笑着拍了拍艾丽斯的背，说："我们可都熬过来了。"

有时候，你可能会觉得自嘲有风险，毕竟这会暴露自己的弱点。自嘲无疑需要勇气，但无论在什么情况下，人们总是会欣赏那些最有勇气的人。

找到正确的开玩笑对象

幽默能培养一种"同舟共济"之感。找到正确的开玩笑对象是建立一体感的有效方式，无论这个对象是家乡的吊车尾棒球队，还是你公司的最大的竞争对手。在华盛顿，橄榄球迷对华盛顿红皮队和达拉斯牛仔队之间的竞争十分敏感。如果你想与他人进行一番友好的对话，只需要说几句牛仔队的坏话，就能立刻与大多数人亲近起来。这是一个无害而亲切的话题。重点是不要去肆意攻击某个人、某个群体或国家，而是要去寻找一种温和的方式与对方建立联系。记住，我们要把幽默当作工具，而不是武器。

利娅

对小布什夫妇而言，白宫假日就是不断摆出握手、微笑姿势的合影马拉松。无论他们在迎接朋友或支持者来到白宫时有多高兴，连续几个星期、每天 5 小时地与 1400 人握手，也会让他们吃不消。小布什夫妇需要不断与客人拥抱、握手，自始至终保持微笑。至于在私人助手、摄影师、社交助手和我看来，合影的队列已经令人麻木了。到后来，总统的私人助理布莱克·戈特斯曼（Blake Gottesman）和贾里德·温斯坦

（Jared Weinstein）开始计时，记录每进行一次合影所消耗的时间。他们算出平均数，然后在中途休息时，告诉小布什夫妇每次合影的平均时长是 19 秒，而他们还要再站两个小时。小布什夫妇都笑了起来，总统说："这是新的奥林匹克竞赛项目吗？"

这番话没能改变什么，但我们其他人都开始加快速度，好让队伍变短的速度更快些。每次活动我们都能在这方面有所改善，保证在更短的时间内完成。在事后的聚会上，布莱克总会大声地报出平均时间，大家根据结果喝彩或者发出嘘声。

布莱克报出最短时间的那个夜晚，所有人都欢呼起来，包括小布什夫妇。单次合影时间缩短到了 10 秒，总共节约了大约 20 分钟。这也成为我们之间的一个笑话：如果你问我们能不能抽出一分钟的时间，回答总会是"我们能抽出 19 秒"。

在团队内部流传的笑话能高效地建立起一体感，而有一体感的团队始终比处在分裂与竞争状态下的团队做得更多、更好。

找准开玩笑的时机

最好的幽默总是出人意料：你以为自己已经看到了故事的结局，但真正有趣的是预想与实际结果的反差。在一次国宴前，奥巴马的前任社交秘书朱莉安娜·斯穆特（Julianna Smoot）正在与艺人碧昂斯和 Jay-Z 交谈。碧昂斯显然对接下来的表演感到十分紧张，朱莉安娜试着安抚她。另一名宾客卡洛斯·斯利姆·埃卢（Carlos Slim Helú）是全世界最富有的人之一，他在他们站着说话的时候从他们身边走过去了。三个人静静地看了他一会儿，然后朱莉安娜说："竟然有一个比你们更有钱的人走过去了！"他们三个都笑了起来。可能这个笑话并没有那么好笑，但正是出乎意料的幽默才打破了僵局。

开怀大笑和尴尬一刻之间的关键区别往往就是时机，在错误时机的幽默甚至可能会给他人造成冒犯。我们都有过把玩笑开过火的情况，因此要时刻做好补救的准备。

杰里米

2013 年秋天，美国政府停摆期间，我就十分接近这样的危险情况。大多数政府工作人员，包括白宫许多的工作人员都被休假了 16 天，这段时间既不能汇报工作，也不能使用工作电话。政府重开的第一天，白宫举办了一场活动。奥巴马总统和乔·拜登（Joe Biden）副总统在绿厅等待着大家。总统看着一屋子的社交助手、幕僚和实习生，说："我真高兴你们都回来了！我们很想念你们。这段时间杰里米一直在这里管事儿，可真有点儿吓人！"

包括我在内，所有人都笑了。我想把轻松的气氛延续下去，回答道："没错。事实上，总统先生，如果你需要的话，我还可以帮你解决网站的问题呢。"我指的是医保网站。网站早期经历过很大的麻烦，政府重开之后，它又引发了更大的关注。

其中一名助手倒吸了一口凉气，但总统笑了，将手放在我的肩上，以示他知道我在开玩笑。所有人都笑了起来。

"总统先生，我说这话是不是太早了？"我问。

"是太早了。"他笑着点点头。

当时是我在白宫工作的第 4 年，与奥巴马总统相处得已经比较融洽了。但在这里我加上"太早了"，以示我已经明白自己涉足了敏感区域。

如果你感觉自己的玩笑可能不太安全，有三种做法可以用来补救：赶紧表明你是出于善意才开的玩笑；自嘲自己说的笑话不好笑；改变话题。因此我还是建议，从一开始就要小心，使用安全的话题，避免开太过于尖锐的玩笑。

利娅

我先生韦恩·伯曼在1988年曾为老布什的竞选活动工作。有一天，他开车送竞选活动的主要代理人小布什去国会山参加支持者的会议。韦恩因为车牌过期被警察拉到一边，十分尴尬，只好说："对不起，我没注意到车牌过期了。但我的朋友正要去国会山参加一个重要的会议，能不能让我先送他过去呢？"这时小布什插嘴说："警官，您还是听我的，别让他把我当成借口，必须严惩！"警察听了小布什的话吃了一惊，随后就笑了起来，让他们通过了。

试着利用幽默感说服他人

想想我们一天中要花费多少时间来试着说服别人吧。无论你是想让丈夫或妻子买一辆新车，还是希望老板能让你接手一个大项目，说服始终是日常生活中的一部分。加入一些幽默的元素，就能大幅增加说服成功的可能性。

杰里米

尽管参观白宫的访客大都备感光荣，但偶尔还是会有一些不买账的客人。我们不得不在这些人身上倾注毕生所学的说服技巧。

有一次，奥巴马总统的一个重要的支持者受邀到白宫参加一次正式晚宴。被领到桌旁时，她找到我，跟我说："把我安排得离总统夫妇这么远，还不如干脆让我坐到屋外呢！"我看着她，对她说："您也知道，白宫里怎么会有不好的座位呢。"我没有再多说一句话，就提醒了她：当总统的座上宾是多么难得且激动人心的事情。这名支持者微笑着入座了，她理解了我的意思。

还有一次是在忙碌的独立日庆祝活动中，我用幽默让事情按照我的计划进行了下去。在此前的相同活动中曾经发生过一个问题，奥巴马总统在阳台上致辞结束后，与夫人跟着仪仗队下楼时无意中步伐快了一些，这造成军乐队结束演奏时队伍出现了堵塞。社交助手对我说："这可不太妙啊。"

当时我们都在蓝厅，准备进行 2012 年独立日活动的说明会。那天阳光灿烂，天气炎热，我兜里装着墨镜。于是在开始说明之前，我将墨镜取出来戴上，摆出电影《黑衣人》中的夸张姿势。我一脸严肃，说道："这次任务很重大，有很多细节，我需要你们全神贯注。"

奥巴马总统和第一夫人都笑了。然后，我开始解释出了什么问题，并建议他们先在上面等一会儿，等仪仗队下楼之后再走下去。当总统和第一夫人处于放松状态时，原本有些尴尬或显得高高在上的话题，就会变得轻松而简单。

当压力逐渐升高的时候，我会尽可能保持平静。恰到好处的俏皮话或者自嘲能改善心情、降低血压，使人恢复到平和状态。在圣诞节发给高级幕僚的年鉴中，奥巴马总统会为每个人写下私人寄语。他在我的那本年鉴里是这么写的："致杰里米，谢谢你的友谊、极有感染力的幽默以及你为白宫带来的欢声笑语。"总统对我的评价使我能以轻松的心态去处理严肃的工作任务，知道了这一点我真的很高兴。

即使你的上司不是美国总统，在上司面前说笑话仍然需要强大的自

信。然而，笑声正是很多场合中最迫切需要的东西。白宫的环境固然严苛，但其他职场也有很大压力。幽默感和与之相伴的人格魅力，正是助你飞翔的翅膀。

人格魅力可以让你更讨人喜欢

西奥多·罗斯福的敌友都清楚，这个人拥有无与伦比的人格魅力。伊迪丝·华顿（Edith Wharton）[①]惊叹于他给人留下的印象："他拥有一种罕见的天赋。即使再好的朋友，经过漫长的分离后也会变得疏远，可他只需要一瞬间就能消除时间带来的隔阂。无论何时，他总是充满活力。罗斯福是一个彻底活在当下的人，这样的人实在是凤毛麟角。正因为如此，与他共度的每一刻，在我的心中仍然隐隐发出光和热。"伟大的自然主义者约翰·缪尔（John Muir）[②]曾经说："我想我爱上了他。"伍德罗·威尔逊（Woodrow Wilson）也承认，他这位对手的人格魅力"根本让人无法抵抗"。

罗斯福几乎能在任何人面前演讲，并让他们相信他是"自己人"。有他在的白宫是一个闹腾而充满欢乐的场所。房子中有6个孩子和他们的宠物，这些宠物包括一匹小马、几条蛇和一只名叫乔赛亚的獾。罗斯福还特别喜欢与年轻的工作人员一起在运动场上挥洒汗水。他建造了白宫第一个网球场，还在东厅举办过拳击比赛。他利用自己的人格魅力，在白宫营造出一种温暖而包容的氛围，这使他能更容易达成政治目标。

① 伊迪丝·华顿（1862—1937），美国著名女作家。——译者注

② 约翰·缪尔（1838—1914），美国早期的环保运动领袖。——译者注

人格魅力就像幽默感一样，是一种至关重要的社交技巧。它往往能将不同的意见整合起来，建立通往理解的途径。你有没有见过一个迷人的家伙，让整个房间里的气氛为之一振，甚至让整个公司的氛围都发生了变化？这个人可能是办公室里新来的雇员或者资历最低的人，地位并不重要。这样的人能让所有人感到更自在，产生更舒适的感受。人们愿意尽可能地帮助有性格魅力的人，仅仅是因为打心眼儿里喜欢这样的人。

我们找到了三个方法，可以快速让你变得更讨人喜欢：把握氛围、释放善意、保持独特。

把握氛围

如果你能真正注意到周围发生的一切，变得更迷人也就算不上什么难事了。每当走进一个房间，你应当去感受它的温度。如果同事都兴高采烈、有说有笑，你心里就有底了：说出你不寻常的商业点子吧，它会受到欢迎。而如果气氛有些凝重，你可以稍微添加一些轻松感，或者给予柔和的鼓励。

在社交聚会中你应该做这样的人：尽可能避免任何人被排除在餐桌的谈话之外，或者在分蛋糕的时候注意人人有份。这些细微的举动能让他人感觉到自己有人关心，你周到的考虑也就绝对不会白费。

利娅

小布什总统的私人助理布莱克·戈特斯曼是一个很受欢迎的人。当时布莱克还不到 30 岁，却游刃有余、极有风度地挑起了沉重的担子。他在处理好忙碌的日程的同时，从不流露出一丝疲惫或厌烦。在国宴厅中举办正式晚宴的时候，传统做法是给我和副社交秘书米西·德坎普

（Missy DeCamp）提供与客人相同的餐位。其中一名领班将漂亮的碟子放在托盘上，送进大管家的办公室，我们就在那儿用餐，饭后再与当值的领班一同去查看晚宴的情况。布莱克常常从椭圆形办公室到这里来找我们，我们特别喜欢与他相处。他爱开玩笑，从不说别人的坏话，于是我们开始请求管家也给他备一份晚餐，好让我们坐在小办公室里聊天。

在漫长的保密会议期间，各国领导人都在履行公务和主要职责，而在门外等待的我们则逐渐培养起真正的友谊。我和布莱克的友谊让我们俩在工作上都做得更好，因为我们会尽可能地共享信息，互相帮助。布莱克深谙如何提出问题听起来才不刺耳，他总是轻声细语，丝毫不吝惜赞扬表现出色的人。

事实上，白宫全体工作人员都十分重视布莱克的意见，愿意特地去帮助他，并且出于信任会告诉他各种事情。布莱克的人格魅力还有一部分源自他那无数的好点子，即使在与他的职责无关的事情上也绝不高高挂起。有一次，乡村歌手肯尼·切斯尼（Kenny Chesney）要在为澳大利亚总理约翰·霍华德（John Howard）举办的晚宴上表演，布莱克提出要给切斯尼送礼物的主意。按照惯例，总统和第一夫人会赠送给表演者一份个人的礼物以示感谢。布莱克找到得克萨斯州的靴匠罗基·卡萝尔（Rocky Carroll），为切斯尼制作了一双豪华鳄皮靴，上面刻有歌手名字的首字母、美国国旗和澳大利亚国旗。切斯尼收到这份礼物时高兴极了，当晚登台就穿上了这双靴子，并且惊讶地摇摇头，对观众轻声说："总统可真懂得怎么送礼物啊！"

布莱克每天都要与几百个不同的人交流。他总是会把握房间里的氛围，仔细观摩其他人的状态，是焦虑、紧张还是兴奋。然后，他会以各种各样的方式去帮助他们放松，让他们更自在。简而言之，布莱克能帮助其他人获得良好的感受。尽管他比我年轻 25 岁，我仍然欣赏并尊重他。布莱克对观察力的运用，让遇见他的每个人都很喜欢他，这就为他赢得了稳固的人际关系和扎实的影响力。

释放善意

令人感到如沐春风是一种宝贵的人格魅力。有时候，你只需要一个小小的、真诚的举动，就能让别人心中感到温暖。利娅曾收到过杰奎琳·肯尼迪的社交秘书利蒂希娅·鲍德里奇的感谢卡。那天中午她们共进了午餐，当天夜里利娅就收到了卡片，落款写的时间是“星期三晚上”。在午餐之后不过几个小时，利蒂希娅就愿意坐下来写祝语，正是这种自然而然的流露打动了利娅。

如果你希望赢得他人的好感，那就先从赞扬开始吧。当你遇见一个人时，一定能找到至少一件事情可以赞扬对方，无论是他坚持不懈的努力，还是他漂亮的新领带。所有人都喜欢被别人欣赏的感觉，而注意到事情的积极一面只是举手之劳。夸奖别人能显示出周全的考虑和开放的态度，于是人们也会以善意回应。有一个有趣的矛盾是，你越去问别人关于他们自己的问题，他们就越觉得你是一个会聊天的人。这是因为你足够慷慨，愿意让别人谈论自己的事情。谁又不爱聊自己的事呢？

不要只将友好的态度留给新认识的人。如果同事帮助你完成了一个大项目，你可以为他买份午饭；如果邻居家的老人在夏天曾给你提供过园艺上的建议，你可以为他清扫车上落的雪；如果朋友欣赏的作家出了新书，你可以去买一本送给他。这些都是周到而亲切的做法，能让你身边的人感受到他们在你心中是多么重要。

杰里米

卡萝尔·伯内特（Carol Burnett）在 2013 年获得了肯尼迪艺术中心颁发的马克·吐温美国幽默大奖，她的执行制作人请求我们让她访问白宫椭圆形办公室。颁奖后第二天，她来到罗斯福室，一边检查口红、头发和着装，一边紧张地等待奥巴马总统的到来。与往常一样，总统很准时。我打开通往小走道的门，特勤局特工一如既往地在椭圆形办公室的门边站岗。办公室的门原本关着，总统慢慢地把它打开了，口中哼唱着“真高兴能与你共度这时光”——这是卡萝尔的长寿节目《卡萝尔·伯内特秀》的主题歌。总统将卡萝尔与她的家人接到办公室里去，紧张感一下就消失得无影无踪了。没过一会儿，在场的人全都有说有笑，总统仿佛是他们的老朋友，更别提他还是卡萝尔的忠实粉丝，始终表露出真诚的倾慕之情。总统的热情接待和美妙嗓音，让在场的所有人都感到温馨愉快。

还有一次，我亲自见证了善待他人使尴尬的情景转化为难忘的一幕。大学毕业后我搬到了加利福尼亚州，在餐饮业工作的同时，我努力想弄清楚“长大之后”自己要做什么。

当时，我正在唐·里克斯（Don Rickles）位于马利布的住宅里为一场聚会做准备。宾客陆续进场时，我没有多想就踩到了浴缸盖上，却不料它只是用于保持热水温度的隔热板，而不是让人垫脚的。我立刻摔到了温水里，马上又跳了出来。同事们看见了这一幕，幸好客人都没有注意到。可我就像个落汤鸡，难堪又狼狈，每走一步球鞋都会发出吱吱的怪声。我端着饮料走到院子里，著名歌手和演员弗兰克·西纳特拉（Frank Sinatra）是其中的一位客人，他朝我喊道：“孩子，你这是怎么了？掉到游泳池里了吗？”

“是的，先生。我踩到浴缸的热水里去了。”我诚实地回答他。

西纳特拉大笑起来，然后说：“嘿，‘吱吱小弟’，你能不能替我去拿点儿橄榄果？”他在取笑我，可这是充满善意的取笑。每当我给他端去饮料，他总是向我道谢，问我从哪儿来，跟我聊天，就好像我们相识的时间比这顿晚餐的两个小时要长得多。弗兰克·西纳特拉愿意跟我开玩笑，把我当成了一个客人，而不是服务生。

西纳特拉证明了对别人释放魅力总是值得的，尽管你不认识他，也许再也不会见到他。这件事就这样永远地铭刻在了我的心里。

利娅

我们总能用各种各样的方式表达善意。有时候，善意体现在为他人创造归属感和联系感上。许多人都渴望参加白宫一年一度的光明节宴会，但我听说过去有些客人不愿意吃宴会上的食物，因为白宫厨房的做法不符合犹太教规。我找到一个来自费城的犹太教饮食承办人，他安排了一名拉比[①]在宴会当天来到白宫，以确保白宫厨房符合他们的宗教传统。我们在自助餐桌上做了标识，让来客知道所有的餐点都符合犹太教规。客人为此十分感激，尽情地享受了这次盛宴。当海军陆战队乐团奏起传统犹太民歌《让我们欢乐》（*Hava Nagila*）时，客人们手拉着手，在白宫大厅围成一个巨大的圆圈，跳起了霍拉舞。一曲终了，人群中爆发出震耳欲聋的欢呼声，乐队只好一次又一次地演奏下去，好让人们继续跳舞。这是我们举办宴会得到的最美好的回应之一。

保持独特

当你已经习惯了在日常生活和风险较低的场合善待他人，就能得心应手地在紧张、难以预测或情绪高昂的时刻施展同样的魅力。如果你想让别人喜欢你独特的个性，这一点就更加重要了。

杰里米

在第二次就职典礼之前的日子里，奥巴马夫妇在白宫举办了一系列活动，其中包括合影。一天夜里，米歇乐·奥巴马换了个新发型，吸引了很多媒体关注。我告诉她，我非常喜欢这个发型。她谢过我之后，

① 拉比指犹太教中的“教师”，是一个特殊的阶层。——译者注

说："你去问贝拉克！看他都说了些什么。"原来总统的评论并不是恭维。奥巴马夫人告诉我，奥巴马说"这发型对你来说太年轻了"，我不禁惊呼："我的天啊！"

次日，在另一个活动中，我与总统夫妇和白宫新闻发言人杰伊·卡尼（Jay Carney）交谈。总统对我说了句话，我抓住了一个开玩笑的机会："就像您'赞美'夫人的新发型一样吗？"他看着我，用一种故作严肃的语气说："你怎么提起这茬了？记着，你是总统的特别助理，不是第一夫人的特别助理。你的上司是我，不是她。我可以随时解雇你！"

我站在奥巴马夫人身旁，抓住她的手说："是的，我当然知道这里真正最有权力的人是谁！"我们都笑了。这样的玩笑不无风险，但出于难以言说的原因，我知道自己不会被误解。在我的欢送会上，他们挑了一张照片送给我，上面正是我说完这句话后大家一同大笑的样子。照片上的题字是：感谢杰里米共同参加了这趟"疯狂之旅"。

随机应变是人格魅力的重要组成部分，对于每天都要一起工作或生活的对象而言更是如此。用棒球术语来说，你不需要每次投球都挥棒，大可放一些坏球过去。如果发生了意料之外的事情，你还可以选择对自己不那么苛刻。

卡普里西娅·马歇尔（Capricia Marshall）曾担任克林顿任内的白宫社交秘书和奥巴马任内的美国礼宾长。2010 年 5 月，在一次接待墨西哥总统的国宴上，卡普里西娅让全世界看到了随机应变的力量。车队来到了北门廊，车上乘坐着墨西哥的费利佩·卡尔德龙（Felipe Calderón）总统与第一夫人玛格丽塔·萨瓦拉（Margarita Zavala），庞大的记者团等在这里，准备拍下这一刻。卡普里西娅走下台阶去迎接贵客。她身穿华丽的粉色露肩缎面礼服，脚蹬高跟鞋，在光可鉴人的大理石台阶上仰面朝天摔倒了。记者们倒吸一口气，一时间闪光灯不断。“不要拍照！”奥巴马总统向摄影师大喊。但这一刻已经被记录了下来，视频几乎立刻开始在网上流传。然而，卡普里西娅很快调整了过来。她继续走下台阶，正好在墨西哥总统车门打开的那一刻赶到，她向人群竖起了大拇指。在她的举动中有一种雍容的气度，仿佛一切都在她的计划之内。卡普里西娅证明了，在压力下保持优雅，恰恰是一种不可名状的魅力。

人格魅力可以让你更好地与人沟通

如果你还不知道怎样培养自己独特的人格魅力，就应该去仔细观察那些你认为魅力四射的人。无论什么时候，只要碰到这样的人，总能让你感觉愉快。你可以去观察他们在你感到紧张的情境中是如何表现的。例如，走到一屋子陌生人当中做自我介绍，这恐怕是最恐怖的社交情境之一了。但随着练习，这种技能会变得越来越简单。然后就是学会寻找话题，好跟第一次见面的陌生人对话。这些都是宝贵的能力，无论是在新搬家不久后与邻居夏日小聚，还是在一场重要的业务会议之前喝杯咖啡小憩，都能派上用场。

下面这些方法能让你在陌生的环境中更好地与人沟通：

自然地融入。当你进入一个满是人的房间之后，不要到正在热切交谈的人那儿横插一脚。去找那些相对松散的聊天群体吧。与其中一人进行眼神示意，与对方握手，说：“你好，我叫……”如果是像烧烤聚会这种更轻松休闲的场合，你就可以说：“嗨！我是……”与群体中的人一一握过手之后，你便可以加入对话中了。如果你走过去的时候正好听到他们在聊什么，这个话题就是最好的起点。“你们刚才是在说那个演讲者吗？他可太厉害了！”或者再告诉大家一点儿关于自己的小事，尽可能幽默一点儿，比如你可以说：“我是汤姆最喜欢的哥哥。因为他只有一个哥哥。”

优雅地抽身。从对话中离开时要保持自在的姿态。你跟一个人聊了一会儿，发现你们之间其实没什么可聊的，这种情况并不罕见。在这时候，你就可以礼貌地说一句“很高兴认识你，希望很快能再次与你见面”，或者，“我可以离开一下吗？我好像看到熟人了……”，又或者，“口真渴，我能到吧台那儿给你拿点儿喝的吗”，再或者，“啊，我总算看见我的朋友了，不知道她刚才到哪儿去了。我可以离开一会儿吗”。

建立联系。如果你忘了刚刚认识的一个人的名字，那就请他再说一遍。万一你必须介绍一个不记得名字的人，可以先介绍你认识的人，然后转向他，说：“你们之前见过吗？”这样这个人就有机会直接介绍自己，也就会把名字说出来。让有相似兴趣的人建立联系，就要强调他们之间共同的事业、朋友、家乡或者兴趣。

不要气馁。如果你尝试与其他参与者对话却没有取得进展，不要总认为自己有问题。结识陌生人需要技巧。如果有人对你极少回应，可能是因为他不知道怎么去回应。记住，一切都是双向的。如果有人向你自我介绍，你也要保持礼貌和亲切，与对方寒暄。这对你来说只是举手之劳，却能向别人释放好意。

集中精力。当你参加晚宴时，如果邻座是陌生人，就投入全副精神去与对方交流吧。如果你对待别人不专注，别人是不可能喜欢你的。尽量做眼神交流，将手机放在口袋或包里，让你的身体语言告诉对方你很专心，比如向前倾身、微笑着聆听。心不在焉或不仔细听就中途打断别人说话，则是十分不尊重对方的行为。

保持礼节。在谈话时，要注意将话题从可能引起对方不适的领域引开。如果对方提到最近自己的母亲过世了，那就告诉他你感到很难过，然后换个话题。如果有人说了一些你不同意的观点，你可以简单地说“我不同意”或者“我不这么看”，然后改变话题。如果对方坚持要与你讨论，你可以说：“我不认为你能让我改变想法，我们还是聊点儿别的吧。”

避免攀比。如果对方兴奋地谈起自己的纽约之行，你可以分享自己相同的经历，但不需要提到你在那里停留的时间是他的两倍长，或者你今年已经去过三次了。吹牛不好，假装谦逊的吹牛更糟糕。有一个相当经典的例子是，小布什的前任白宫发言人 2012 年曾在社交平台上抱怨：“刚刚听见广播说我在拉瓜迪亚机场的航班排到第 15 位起飞，好怀念空军一号！”当我们为白宫晚宴规划座位时，常将那些总想压别人一头的人安排到一起，然后想象他们会互相攀比到什么程度。

提出问题。与任何人对话几乎都能收获有用的知识或有趣的见闻，因此你不妨将挖掘出这些宝藏当成你的目标。不要去帮别人把话说完。有人认为这样做会显示出你们思维同步，但你真正做的却是控制对话而非分享。

利娅

练习如何讨人喜欢可以改变你的一生，这是我与丈夫相遇时学到的事情。

初次见到韦恩时，我还坐在美国战略与国际问题研究中心的办公室隔间里。战略与国际问题研究中心是位于乔治城大学的智库。当时我正应全球石油储备专家的要求，从几乎完全读不懂的外国报纸上寻找并剪切出各种报道。这是我离开大学之后的第一份工作。我才刚刚搬到华盛顿，在这座城市里一个人也不认识。

有一天，我办公室的门一下被推开了，劲儿大到门撞到墙上发出砰的一声。我抬起头，看见一个圆滚滚的男人向我走来。他留着浮夸的小胡子，笑容灿烂，戴着一副我所见过的最大的墨镜，穿着一件短袖衬衫、一双山羊皮“暇步士”品牌的鞋子以及一条棕色的裤子。

“嘿！我叫韦恩·伯曼！我今天是第一天上班，参加煤炭项目。我看到你刚刚去取邮件，想和你认识认识。”韦恩一边说，一边用力握住我的手。

我的天……我微微一笑，回应道：“很高兴认识你，我这儿有些忙。”可韦恩完全不识相，还在不停地问我问题：“你在这里都做些什么？你也是刚刚毕业吗？家乡在哪儿？下班之后去喝一杯好吗？”我花了好长时间才摆脱他，但这只是开始。后来他每天都要来找我聊天，跟其他同事说话说到一半还会专门跑过来在我面前转悠。

就这样，韦恩一次又一次地企图约我出去，我一次又一次地拒绝他。这时我发现，他已经开始笼络到运作智库的人了。战略与国际问题研究中心主任戴维·阿布希尔（David Abshire）似乎特别喜欢韦恩，出差筹资时总会带上他，让他去跟全美各地的主要赞助商会面。韦恩每次回来都会宣布，他能从某石油商人或者某新闻出版商处接收一笔巨款。我翻翻白眼，并不相信。但是之后资金确实滚滚而来，这是前所未有的情况。原来，韦恩对外国政策有着深刻的把握，让赞助商欣喜若狂，而且他还有极其雄辩的口才。这些潜在的赞助商越是棘手、难缠，韦恩就越知道怎么讨他们喜欢。我开始尊重他的专业能力，尽管还是毫无与他谈恋爱的意愿。

又是一年半过去了。我逐渐发现，韦恩是一个乐于助人、礼貌、幽默而亲切的人。在我试着摆脱他的这段时间里，整个研究中心的人都爱上了他，最后我不得已也加入其中。他还在坚持约我出去，我答应了。

我们在 11 月开始约会，第二年 4 月就订了婚。

大多数男人在一次或者两次尝试之后就会放弃，但韦恩内心的善良和阳光普照般的个性让我坠入爱河。我的生命始终受到眷顾，与韦恩结为连理是其中最大的幸运。是他教会我如何善待他人。35 年过去了，我仍然要仰赖他告诉我怎么去赢得别人的好感。试着去培养自己独特的魅力吧，你一定也会得到惊人的回报。

03

一致性：赢得专业成功，建立个人信誉

TREATING

The Extraordinary Power

PEOPLE

of Civility

WELL

at Work and in Life

成功没有捷径。
生活只会青睐那些准备充分的人，
虚张声势到头来只会落得一场空。

There is no short cut to achievement.
Life requires thorough preparation—
veneer isn't worth anything.

—

乔治·华盛顿·卡弗
George Washington Carver

一致性，听上去并不怎么激动人心。人们总是说，想要得到成功和幸福，必须拥有自信、诚实和善良这些品质。然而，决定事业成功与否的主要因素，确保事业顺利发展、避免遭遇挫折的关键，正是一致性。

理查德·尼克松副总统与艾森豪威尔总统之间充斥着对彼此的不信任和误解。尽管如此，艾森豪威尔夫妇仍然十分喜爱尼克松的夫人帕特·尼克松（Pat Nixon）。玛米·艾森豪威尔（Mamie Eisenhower）是一位典型的军人家属，性情严厉，不苟言笑。因为玛米在丈夫的第二任期期间健康状况不佳，所以常请帕特代她去参加白宫活动，有时甚至只提前一两个小时通知帕特。尽管帕特自己也有两个年幼的女儿，还身担副总统夫人的职责，但她总是愿意听从艾森豪威尔夫人的请求。尼克松夫妇的小女儿朱莉后来与艾森豪威尔的孙子戴维结为连理。玛米有一次向朱莉倾诉："你的母亲是我的好帮手。我请求她代我出席活动时，她没有一次表露出犹豫。她总是那么慷慨，从不摆架子，就像直布罗陀巨岩一样从不动摇。终其一生，她都是一个善良而值得依靠的人。”帕特·尼克松有强烈的责任意识，她不仅帮助丈夫缓解了与总统之间的矛盾，而且以始终如一的态度让自己成为艾森豪威尔在任时白宫中不可或缺的一员。

人必须要专注才能获得成功，在任何领域都是如此。运动员从来都不是靠拍脑门儿而变得更厉害，就能成为冠军。他们要想成功，只能靠不断调整状态，按日程有规律地完成数千小时的练习，也就是所谓的“台上一分钟，台下十年功”。通过马尔科姆·格拉德威尔（Malcolm Gladwell）推广的“一万小时定律”，我们可以了解在特定领域获得成功需要多长时间。保持一致性是获得成功的关键要素，因为所有值得去做的事情，无不需要时间、反复练习和持之以恒的努力。

一致性不仅能帮助我们在专业上出类拔萃，还能塑造并巩固我们的人际关系，让我们所做的一切都朝好的方向转变。我们两人的上司始终如一地保持着和蔼而慷慨的态度，这在他们每一次与人交流的过程中都有所体现，也对他们遇到的每一个人都影响深远。米歇尔·奥巴马的仪态总是无可挑剔，同时还能保持亲切，因此孩子们总会自然而然地想去拥抱她；奥巴马总统的笑容十分有感染力，无论是微笑还是大笑，他总能让宾客感到舒服；劳拉·布什会通过询问宾客的生活情况来让他们放松，并且时刻留意有没有人在聚会上落单，若是有的话就让工作人员将他们带过来聊聊天；小布什总统喜爱交际，似乎在人群中会感到更加自如，他还十分擅长给人取有趣的昵称，逗朋友开心。小布什总统特别喜欢一个人，就会对他说：“你是一个好人！”这种始终如一的礼貌拉近了人与人之间的距离，让对方感觉自己得到了关怀。

一致性还是家庭生活幸福的关键因素。如果你告诉自己的孩子，你即使再困难也会去看他们的篮球赛或者音乐会，就能表现出你是可靠的人，是将他们放在第一位的。言行一致是一种考虑周到的表现，对你最爱的人而言更是如此。

一致性能够帮助你建立个人信誉。如果你言行一致，人们就会对你有所期待，也会欣赏并记住你。无法完全坚持或贯彻自己说过的话是人之常情。有时我们不喜欢去做不得不做的事，因为那会使我们感觉不好，或者我们只是一时没有心情去做。但如果我们放了别人鸽子，或者对是否履行承诺持无所谓的态度，那么这无疑会让他人对我们感到失望，并改变他们对我们的看法。无法做到言行一致，就毫无信任可言了。

我们在别人眼里的形象很重要。如果顾客喜欢一家商店，但这家店的营业时间特别没有规律，他们来了几次都发现关门了，自然就会到其他的店去。不断错过任务规定的截止时间的雇员既不会被委以重任，也不会得到晋升的机会。在今天，很多人屈服于现代生活的种种诱惑，似乎无法专注于任何事情。人们害怕落后于时代，这反而让他们无法专注于当下这一刻。甚至一些受邀来到白宫的人也常常表现得有失庄重，这让我们十分惊讶。我们都应该想想，自己最看重的是什么。如果连与好朋友共进午餐似乎都成了难以兑现的承诺，那么你可能真的要问问自己为什么会这样了。如果你只在对别人有所求的时候才会出现在别人面前，别人就会渐渐发现你只是一个利用别人的人，也就不会再那么重视你的意见和你这个人了。

一致性就是即使你不想做一件事，也仍然咬牙去做。意志力是必不可少的，此外还需要多加练习，这样你才能逐渐养成无须多想的习惯。保持一致性的四个最重要的要素是：固定流程、果断抉择、未雨绸缪和有始有终。

固定流程

1974 年 8 月，尼克松总统因“水门事件”而辞职。原本有一个星期后要举行国宴的计划，继任总统杰拉尔德・福特希望白宫尽快回归常态，于是决定让国宴如期举行，并且还要再邀请一些宾客来参加。尼克松的社交秘书露西・布雷西特留了下来。在白宫的不安漩涡当中，布雷西特将自己个人因尼克松夫妇产生的悲伤情绪放到一边，帮助福特夫妇出色地完成了他们在白宫的第一次重大的社交任务。社交秘书与他们所服务的第一夫人之间往往会产生亲密的私人感情。布雷西特在白宫最后的日子里，心情无疑十分沉重，但她依然履行了自己的职责，让国宴获得了成功。白宫举办国宴是一项早已确定的惯例，此时最重要的是要表明没有什么能中断这一传统，即使是意料之外的总统离职也一样。

当人们知道应当期待什么时，他们就会放松下来。固定的流程可以建立一种职场结构，让雇员和主管能彼此信任，一同工作。我们不只是强调提升工作流程的流畅度可以保证生产力，在与他人的交流中，建立良好的习惯也同样重要。如果同事看到你对待每个人都既专注又尊重，那么就更有可能与你交流工作中的问题，为你提供一些机遇；如果你常常咨询员工对公司目标的意见，那么就能与员工建立一种基于信任的合作关系。

因为我们清楚基本问题已经得到了解决，所以固定流程能让我们专注于那些需要倾注全部注意力的工作。如果孩子们知道放学回家后，等待他们的是一道茶点，然后是做作业、玩耍、吃饭、看一会儿电视、洗澡、听故事、睡觉，那么他们就拥有了一个能够依赖的生活节奏，这也是你为他们将来取得成功所奠定的基础。但是一致性不仅仅是为了照顾孩子，我们所有人都能从生活和工作的稳定节奏中获得安心感。

利娅

从我在白宫上班的第一天起，官邸的每位工作人员都十分友善亲切。但与此同时，他们又自有一套官僚主义制度。例如，我可能会要求工作人员清理东厅舞台上的地毯，或者把有些枯萎的花拿走，免得花瓣掉到地上。我要让宾客们认为，白宫活动一定不会在这些小事上出错。但后来我发现，这样的一些要求或新想法，别人可能只是口头上答应，最后还是会被彬彬有礼地无视。对一名员工来说，声称忘记做某件事可能比实际做出改变要容易得多。

我决定在白宫内部固定一套日常流程，同时以小布什夫人为榜样，确保所有的交流都是友善且给人以信心的。我在要求一名员工以一种新方式去执行任务之后，每一天都会去见他，礼貌地问他任务进展如何，而这也终于让这名员工意识到，我不会放弃跟进整个流程。人们一旦理解了流程，事情就会开始发生变化。在这个例子当中，这名员工明白他每天都会见到我，我会向他询问任务的进展。对一些人来说，这样可能会令人厌烦，我自己也并不很喜欢这么做，但这确实能引起员工的注意。到了最后，大家就会变得去做我要求的事情而不是找借口。这个习惯帮助我达成了各种目标。

杰里米

我这边也固定了一些新的流程。当时，社交办公室经常会召开员工会议，但不一定每天都开，取决于当天有什么活动。我发现，即使部分员工正专注于准备一项活动，在固定时间开晨会仍然十分重要。时间固定的例会不仅可以使我把之前在高级幕僚会议上宣布的内容传达下去，还能让我对前一天的工作做个总结，与员工一起从顺利进行的活动或者失误中讨论彼此汲取的教训。这是一种很好的方式，能让我们的团队在一天开始之前就步调一致。

下面是一些关于建立固定流程的小技巧：

系统化工作。系统化能帮助所有员工更好地沟通。每周召开有规律的会议，让所有人在会上谈谈自己的工作内容，这样在两次会议之间就能创造出一种对进展的期待。即使是一次短暂的茶歇，也可以成为保持系统性的有效方式。

保证准时。早晨准时上班。如果你是管理者，就要明确告知员工规定的工作时间。对会议和活动而言道理是一样的，你应该说清楚你期望员工务必在什么时候到场。

随时了解情况。询问同事参与的一些特别有难度的工作进展，了解会议进展情况。通过这些方式，你能让同事明白，你对他们的事情感兴趣，并希望能帮上忙。

果断抉择

奥巴马夫妇从执政伊始就决定，他们管理的政府在社交方面要采取不同的做法，不像之前的总统那么深入地参与到华盛顿的社交场中。与之相对的是，他们决定将更多的时间留给孩子，这既是指自己家的孩子，也包括别人家的孩子。

在绝大多数情况下，奥巴马总统在傍晚 6 点 30 分就会坐到桌旁，与家人一起用晚餐。这是为了给两个女儿营造出一种普通家庭的氛围和安稳感。总统的一位高级幕僚瓦莱丽·贾勒特（Valerie Jarrett）曾在接受历史频道采访时说："每到傍晚6点15分，我就会抬头看看表，说'就到这里吧'。这是因为（米歇尔）不愿推迟晚餐时间，她不想让孩子干坐着等爸爸，而总统本人也很尊重这一点。我认为这是至关重要的：这么一个再简单不过的规矩就能让人感受到，尽管奥巴马夫妇拥有权力很大的工作，但他们二人最看重的始终是孩子们。"

奥巴马夫妇同样高度重视当地小学生参观白宫的机会。万圣节等节日成了雷打不动的官方活动，当地学生到白宫来，"不给糖就捣乱"。这一决定背后有着清晰的意图：清楚地表明奥巴马政府与其他届政府的关注点迥然不同。

保持果断是一种重要的领导能力，但要在实践中做到这一点并不容易。我们极少有深思熟虑的时间，在白宫也是如此。大部分人都是匆匆过完自己的一生，没有时间仔细思考做出的选择。

在面临抉择时，你应该彻底考虑各种可能性、潜在的负面因素及其处理方式。但你一旦知道该怎么做，就千万别再犹豫了。优柔寡断本身也相当于下了一个决定。当人们（尤其是居于高位的人）举棋不定的时候，情境中的压力会因此逐渐上升，下面的人会对他们的决定产生怀疑，毕竟连他们自己都不确定做得对不对！优柔寡断会让已有的问题恶化，让事态变得越来越严重，最终还会生出一系列需要解决的新问题来。社交秘书总是知道如何最快地把事情做完，我们没有拖延症，因为我们没有可以拖延的时间。

下面是一些关于如何果断做出抉择的建议：

从小事做起。例如，当选择聚会的餐厅或者卧室油漆的颜色时，为自己设定类似于“在 10 分钟之内做出决定”这样的时限。然后以相似的方式去决定更大的事情，如下次假期去哪儿玩，给伴侣买什么生日礼物等。如果你感觉太困难，可以将这些决定拆分成较小的部分。因为你正在逐渐掌握技巧，所以会发现自己在做出决断时越来越自信，最终在做出一些更重要的人生抉择时也更游刃有余。

设立最后期限。要礼貌地聆听他人的想法和顾虑，但在对所有选择做出权衡前，不要承诺任何事情。一旦你选定了一条路，就要保证对方也清楚你不会回头。

把结论告诉别人。让所有人得到与你相同的信息。即使你只是不得已而做出决定，也要以正面的方式说出你正在做的事情的意图，并且要始终保持积极的心态。如果你与客户有一个交易还没拍板，但你改变了主意，这时一定要尽快通知对方。一直吊着对方、让对方无法做出选择，是极其不专业的做法。

坚持下去。反复无常需要付出代价，可能是经济上的代价，也可能是个人名誉上的代价。这不是说你看到事情不尽如人意时不能改变，只是要有勇气将自己做出的选择贯彻下去，并看看结果如何。我们两人都曾雇用过一些人，原本对他们怀有很大的期望，却在一开始就失望了。但我们没有放弃他们，而是指出了其不足之处，并将我们的期望坦诚相告。额外付出的专注和耐心往往会获得回报。在以上情况下，我们得到的是宝贵的团队成员。

未雨绸缪

我们无法预测事情的一千零一种失败方式，但就像建立固定流程、果断做出决策一样，考虑可能发生的情景会让人更从容、更能随机应变。即使人生无常，我们仍然可以稳定地把控。

如果你想建立自己作为问题解决者的稳固形象，就要预先想象各种可能性且做好后备计划。这听起来可能有点儿像白日做梦，但坐下来思考各种情况，想象事情会怎样发生，始终是避免出现问题的好办法。如果你需要在会议之前做简报，就要先测试好你要用的仪器（令人吃惊的是，许多人都会忽略这一步）；如果你将在一群人面前讲话，就要先试着讲一次并计算时间，这样你就会知道自己讲话的时长是否合适。在会议之前提前预演，能让你传达的信息更加清晰、简练。如果会议中涉及可能存在争议的问题，就要先与信任的同事开一次预备会，讨论可能存在的问题。

当然，我们不可能预料所有意想不到的情况，但在这种时刻的反应仍然必须有一致性与合理性。无论是在玫瑰花园举办室外国宴，还是在南草坪上举办有数千人参加的国会野餐，关于活动当天坏天气的预警一直是我们的噩梦。我们免不了要在取消活动和硬着头皮迎上之间做出选择。而无论发生了什么，上司都知道我们已经备好了不同的方案。

杰里米

在为一次初夏的国宴做准备时，白宫书法家找到许多张照片，上面是 1982 年里根夫妇为迎接菲律宾总统在玫瑰花园设宴的盛况。我们与奥巴马夫人讨论了这个想法之后，也决定在玫瑰花园举办国宴。数月以来，大家都在为一场梦幻的仲夏夜活动做准备。活动的日子即将到来，军事办公室负责追踪天气的马克斯·德布勒（Max Doebler）告诉我们，接下来将会有一场阵雨。各种迹象都表明这场雨将会在华盛顿之外几公里处消散无形，但我们这儿仍有 20% 的降水概率。我们必须在活动当天早晨 7 点之前做出决定，因为我们既没有时间也没有预算去准备遮雨篷。那天早晨，我与国务院礼宾处、特勤局、军事办公室以及其他部门的同事开了一场电话会议。“只要有一点儿怀疑，就不要去做”，这句话一直在我脑中萦绕。但出于其他难以解释的原因，最后我们还是决定冒险举办这场活动。

计划一敲定下来，我们就马上继续做准备。那天我总是在盯着天空，寻找雨云的踪迹，这个时间或许比看着别人眼睛打招呼的时间还长。幸好，雨在凌晨 3 点左右才到达我们这里，此时宾客们早已尽兴而归了。

利娅

由于一场似乎无法避免的雷雨，我决定将国会野餐推迟一天。国会议员愤怒的投诉声浪淹没了白宫：“我的孩子白请假了！”“我邀请了牙医和邻居，他们明天可没空来！”然后，最糟糕的事情发生了：乌云飘走了，暴风雨没有到来。整个下午我都在打电话，为意想不到的好天气向他们道歉。我控制不了天气，却可以接受人们的抱怨，并为这一决定给他们带来的困扰表达歉意。我们在第 9 章中将会讲到，当你做错事时，最好去承担责任、尽力补救，然后继续前行。

每当需要在白宫举行国事欢迎仪式时，我们都会做一个应急计划，以便在天气恶劣的情况下将活动移动至室内。我们始终怀揣着担忧，担心人们来到南草坪看欢迎仪式却失望而归，但仪仗队和欢迎仪式的关键人员早已排练好在白宫大厅举行的室内欢迎仪式。2015 年 5 月，迪沙·戴尔（Deesha Dyer）接替杰里米担任社交秘书，她最初的项目之一就是在南草坪组织一次女童子军露营活动。这个活动衍生自米歇尔·奥巴马的“动起来！”项目。

由于白宫属于国家公园，白宫庭院内政部由国家公园管理局运营。内政部秘书萨莉·朱厄尔（Sally Jewell）十分期待这次露营活动。与往常一样，白宫的不同部门同心协力规划这次活动，包括第一夫人办公室、特勤局、白宫军事办公室、白宫医疗组和官邸工作人员。

迪沙下定决心，一定要让这次活动大获成功。活动的计划是迎接 50 个女孩到白宫来做游戏、寻宝、搭帐篷、吃晚餐，与总统夫妇一起在篝火旁歌唱，然后钻到帐篷里，在南草坪过一夜。我们无法在草坪上点燃真正的篝火，于是提议使用电灯笼。再三确认过这一切对女孩们来说都将是既安全又有趣之后，奥巴马夫人批准了。

活动当天，一切顺利进行，直到无论哪个社交秘书都必须面对的问题出现了：天公不作美。迪沙与军事办公室保持密切联系，后者始终观测着天气，并向她报告下雨的概率。迪沙知道这一可能性始终存在，于是就让女孩们排演了万一暴风雨到来该怎么办：如果听到一声长哨，她们就会将东西都放到包里，然后全部到白宫外交室去。监护人和特勤局特工会在那里，带领她们到艾森豪威尔大楼，那里备好了临时过夜的地方。

一切看起来都十分顺利，就在这时，工作人员接到了几公里外出现闪电的报告，这可有点儿太近了！白宫的所有部门都同意，让南草坪上的所有人都撤离到室内。女童子军完美地服从了指令，没有人感到不快。事实上，突发事件让这一夜变得更加激动人心了。第二天早晨，孩子们早早起了床，按计划用了早餐，方才离开白宫。那一夜迪沙十分紧张，但这一切仍在她心中留下了美好的回忆。

杰里米

后备计划需要快速反应和运气。有些人常常会做噩梦，梦见自己去参加一次忘记复习的考试，或者肇事之后开车逃走。我的噩梦则是白宫活动表演在最后一刻被取消了。有一次，这真的发生了。

为了准备活动首次接触一位艺人，是一种激动人心的体验。如果我们从未与这位艺人打过交道，其经纪人或者代理人常常会满腹狐疑地问："你们真是白宫的工作人员吗？"然后我们会与对方确认，艺人是否有意愿和时间前来表演，之后再开始讨论我们在预算上的限制。在这个阶段，我们通常会有一些交涉，但几乎所有艺人都会觉得，尽管报酬有限，但在白宫表演本身就是一项殊荣。艺人与白宫之间没有合同关系，我们不能为他们的表演支付酬金，只能提供少量的资金以报销差旅费、住宿费和设备的花销。

有一次，我与里根总统的社交秘书加尔·霍奇斯·伯特（Gahl Hodges Burt）共进午餐。她警告我，有时艺人会不给任何通知就取消演出，这种事情在历届政府都发生过。令我沮丧的是，加尔的预言在奥巴马夫人最钟爱的一次活动中成真了，那就是由"动起来！"的执行导演萨姆·卡斯（Sam Kass）发起的儿童国宴。在这次活动中，白宫与美国教育部和农业部联合，邀请 8～12 岁的孩子上交原创食谱，参与"健康午餐挑战"。每个州以及哥伦比亚特区各派出一个孩子，总共有 54 名年轻的"大厨"被选中，他们受邀和自己的父母或监护人一道，来与奥巴马夫人共进午餐。米歇尔·奥巴马十分重视这次活动上的演出。对她来说，其重要性可以与任何一次正式国宴演出相提并论。

2014年最炙手可热的表演者是一位极受欢迎的歌手和制作人，他的歌曲传遍了美国的大街小巷。我们联系到他的团队，问他是否愿意出席此次白宫的活动，对方答应了下来。我们针对预算进行了多次讨论，没有出现明显的矛盾。但在活动的前一周，联系人突然向我们提出了额外的要求。虽然在那时我们还相信事情能够得到解决，但还是立刻开始准备后备计划了。

运气在最坏的情况下能发挥莫大的作用，而我们确实是幸运的。当时，肯尼迪艺术中心正在上演音乐剧《狮子王》。我们与迪士尼联系，看能否邀请这些音乐剧演员前来表演。到那天夜里，我们已经准备好了可行的备用计划。时间上没有冲突，肯尼迪艺术中心就在几个街区之外，因此差旅费也不是问题，但我还没有与奥巴马夫人讨论过这一情况。除非我们已经确定原本的歌手无法到场，否则我不想向奥巴马夫人报告这一新计划的可行性。我给这位歌手的团队打了好几通电话，活动在周五举行，但直到前一个星期的周日早晨我们才通上话。我被对方提出的额外要求震惊了：他们要求我们派私人飞机接送他们往返洛杉矶，而不是原先说好的头等舱机票；他们还要求伴舞人数不少于60名，以及更多其他的额外要求，最后整件事变得完全不可能。即使不考虑成本，我们也没有空间容纳那么多人，除非把客人赶走！我要求与他们进一步沟通，但对方告诉我，除非我们同意他们的所有要求，否则这位歌手就不会来表演了。我解释说，白宫是不可能满足这些要求的，我们无法达成共识。至今我都不知道这位歌手本人是否知悉此事。

现在，我必须准备好后备计划。我已经将这一可能发生的冲突事先告诉了米歇尔·奥巴马的公共联络室主任陈远美（Christina Tchen）。我给奥巴马夫人发去邮件，尽可能简洁地说明了情况。她不太高兴，问了许多我听到那些额外要求时也问过的问题。一个人怎么能承诺到白宫来为孩子们演出又突然取消呢？我们之前没有说清楚细节和预算吗？我尽可能诚实地回答且避免直接说出“是他们的错，不是我的错”

这句话，发生问题时，推卸责任绝对不是一个好方法。来往几封邮件之后，奥巴马夫人说："我应该早上去问问贝拉克，他有主意。"我心想，完了。

我不记得当时世界上正在发生什么大事，只记得自己对这次对话感到恐惧。我可不能像平常一样，在椭圆形办公室的外间候着，希望总统能出来主动找我谈话。于是，我打电话给奥巴马总统的助手，她答应回头再找我。只过了几分钟她就回电了，总统就在电话那头。他听完这位歌手所有的额外要求之后，同意我们采用备用计划，并再次要求我通知奥巴马夫人。我不太愿意传达这个消息，奥巴马夫人当时正在出差，于是我只好给她发电子邮件。第一夫人问我是怎么搞砸的以及我到底隐瞒了多久。我不能只为自己辩护，还必须告诉她备用计划会顺利进行，让她放心。

我不知道自己有没有让奥巴马夫人放心，但几天后《狮子王》的演员们用精美绝伦的表演征服了她，孩子们非常喜欢这场演出。演出结束后，我陪同奥巴马夫人沿着铺着红毯的走廊离开东厅，走廊上装饰着各种动物形状的气球，代替了平常国宴上的鲜花。她转向我，说道："这可太完美了！我看这才是更好的选择！"

事情可能很棘手，令人感到挫败，但事先为意料之外的情况做好准备，始终好过意外发生时被打个措手不及。

有始有终

为了追求一致性，你已经建立了流程，练习了果断抉择，学会了为一切做好准备。现在应该有始有终地贯彻下去了：你要成为一个坚持到底的人。

一致性是能够逐步增强的，但如果你不完成自己的承诺，很快就会失去这种坚持的精神。就像做其他事情一样，坚持到底会成为你做事的强大推动力。如果我们答应第一夫人在某个特定日期之前把请柬全部发出去，或者宾客会在某个时间之前抵达东厅，她就可以相信这些事情万无一失。

学会有始有终的确不容易，但更困难的是我们必须一次又一次地去做某件事。当你开始进行一个项目的时候，什么奇迹都不会发生，唯有坚持不懈的努力才能带来进展。对自己宽容些，循序渐进，每天完成一些小任务，不要奢求自己能做出超乎寻常的极端努力。如果需要帮助的话，可以向他人求助。

利娅

在我当上琳恩·切尼的社交秘书以及副总统官邸管理员的那段时间，这座位于美国海军天文台的维多利亚式白色大房子需要装修，因此切尼夫妇只能在就职典礼后 6 个星期才能搬进去。装修期间，我与切尼夫人和她的室内设计师共同负责挑选家具。除了切尼夫妇原本就有的家具之外，房子本身也配有少量的家具，但这些家具还远远不够。

我知道国务院保管着许多精美的古董，就请求他们出借几件，另外还有一个非营利基金，于是我又募款购买了灯、沙发、地毯等。切尼夫人巧妙地将古董布置在房间各处，但墙面还是光秃秃的。我给美国国家美术馆打了个电话，我们一起去看了看有哪些画作可供白宫不同部门借用。可供挑选的范围很小，事实上，我们希望获得的所有作品似乎都出于各种原因无法外借。下一站是史密森尼美国国家历史博物馆，这座博物馆慷慨地借出了三幅乔治·卡特林（George Catlin）的画作。虽然装修工作终于有了进展，但墙面上仍有许多空白亟待填满。接下来我将网撒到更远的地方——科克伦美术馆和菲利普收藏馆，这两个机构各借出了一幅画。

起居室那面巨大而光裸的墙成了最大的难题。有一天，切尼夫人到我的办公室来，带来了一本关于画家海伦·弗兰肯塔勒（Helen Frankenthaler）的书。她给我看了一幅绿意盎然的画作，名字叫《盛春》（*Lush Spring*）。切尼夫人对我说："这就是我们起居室需要的画！"我在书中画作下方的说明文字中了解到，这幅画当时正在凤凰城艺术博物馆展出。要得到这幅画无疑很困难，但我还是要打个电话去问一问。过去没有人做到的事情，并不代表我也做不到。

我打电话给凤凰城艺术博物馆的馆长詹姆斯·巴林杰（James Ballinger），先做了自我介绍，然后问他是否能够借出这幅画，用来装饰副总统官邸。巴林杰非常吃惊，他没想到竟有人会请求借出这幅珍贵的画作，但他还是答应会去问一下。回复很快就来了：《盛春》可以借给副总统官邸用。我转告了切尼夫人，她又惊又喜。

切尼夫妇居住期间，《盛春》始终被放在特殊位置上。他们还专门举办了一次晚宴，以示对海伦·弗兰肯塔勒的敬意，并庆贺官邸借来了这幅画作，也让大众更了解这位才华横溢的美国画家。我不停地联络美国各地的博物馆，以借到一些能在副总统官邸内展示的杰出的美国艺术作品。完全装饰好整所房子共花费了 9 个月的时间，但像这样以每次一件的速度不断去寻觅这些艺术作品，到头来仍是值得的。2001 年，《建筑文摘》报道了这所房子，并附有一篇琳恩·切尼本人撰写的相关文章。

下面是一些关于如何做到有始有终的建议：

无论如何先开始。先从阻力小的事情开始。事情几乎从来不会像你以为的那样困难，只要动手，你就有动力继续做下去，然后再渐渐转移到你最不愿意做的事情上。这样你就可以表扬自己，你确实做了该做的事情！坚持到底，你就能逐渐建立起可靠的声誉。

目标要具体。清楚地知道自己希望达成什么，才更有可能获得成功，在商界尤其如此。你是否希望达成一个自己之前从未达成的销售目标？集中精力做需要做的事吧：及时回复客户电话，请求老客户介绍新客户，为回头客提供小折扣以回馈他们宝贵的支持。寻找具体的解决方案，然后贯彻它，这可能是维持现状和突破下一个层次之间的区别。

不要分心。当同事的冷漠和背后中伤令你感到难以为继时，提醒自己你的目标是什么，将这些对你毫无益处的遭遇抛在脑后，保持注意力集中，就能让你冲过终点线。

保证完成。谁都不愿面对危机和尴尬，无论是一个项目飞快逼近最后期限，还是与你最不喜欢的亲戚共度一个下午。如果你已经接受了一次聚会邀请，就不要以为自己不到场也没有人会注意。如果所有人都这么想，聚会就没有人了。

变化也许是生活的调味剂，但我们要将变化局限在尝试新餐厅或者从未穿过的衣服颜色这样的小事上。没有人想要一个无法预测的同事或者偶尔才会出现的好朋友。

坚持不懈能够达成的目标是惊人的。小布什数十年来坚持推动抗击艾滋病项目，这被美国民众认为是他留下的最大功绩之一。2003 年，他宣布了总统防治艾滋病紧急救援计划，这是一个在非洲引进艾滋病治疗的 5 年计划，总费用 150 亿美元。总统防治艾滋病紧急救援计划是有史以来最大的抗击单一疾病的国家健康举措，它为超过 1500 万人提供治疗。小布什总统在非洲抗击艾滋病的决心并未随着其卸任而停止，这个决心更扩大到了对乳腺癌和宫颈癌的重视。小布什夫妇在离开白宫之后，多次前往非洲，继续为 2030 年之前消灭艾滋病做出努力。他们的人道主义行动拯救了许多生命。保持一致性，就能改变世界。

04

聆听：表达尊重与信任，建立牢固关系

TREATING

The Extraordinary Power

PEOPLE

of Civility

WELL

at Work and in Life

我坚信，
我们应该听取他人意见，
并向别人学习。

I'm a very strong believer
in listening and learning from others.

—

露丝·巴德·金斯伯格
Ruth Bader Ginsburg

有时我们很难做到全神贯注地聆听，尤其在有许多事情分散我们注意力的情况下。你还记得上一次有人收起手上的电子设备，全神贯注地与你交流是什么时候吗？当你静静地倾听别人说话时，你就是在传递一个强有力的信号：对方说的话对你来说比其他任何事情都重要。这是一种尊重他人的表现。我们的上司，即总统和第一夫人十分清楚这一点。

美国国务院和联邦调查局都推荐人们尝试积极聆听这一做法，也就是专注倾听，摒除偏见，将所有的注意力都放在对方身上。它能帮助你与同事建立起信任和友善的关系，并让别人也更加愿意在谈话中去听你说。好的聆听者会将说话者的需求放在自己的需求之前。聆听需要耐心和谦逊，就像其他技巧一样，它也是一项任何人只要经过努力就能学会的技能。

在我们生活的世界中，沟通从不间断，聆听却始终稀缺。我们越是一心多用，真正能听见的信息就越少，但同时又会越期盼他人能尽快做出回应。突然之间，真正的聆听变得似乎不大可能实现，但事实并非如此。以下就是你要尝试去聆听的原因。

魅力绝不只存在于惹人喜爱的个性中。那些天生的聆听者身上有一股安静的力量，能营造出亲密与真诚的氛围，吸引人们向他们靠近。优秀的聆听者有什么共性呢？他们既有自我的想法，又有共情能力。他们可以通过他人的眼睛去看世界，这样就能更好地理解说话者在说什么。仔细思考他人的话语，还能让优秀的聆听者找到正确的途径去帮助别人，避免犯下不必要的错误。

2009 年，美国伊利诺伊州共和党国会议员雷·拉胡德（Ray LaHood）成为美国运输部部长。当时的社会环境中充斥着极端的党派之争，而拉胡德引人注目的原因并非是他作为一个共和党人在民主党内阁中服务，而是他改变了整个运输部的士气。拉胡德上任时，运输部是美国大型政府机关中雇员满意度和忠诚度最低的机构。拉胡德下定决心要找到雇员不满的根源，于是他访问了美国各地的高速公路和转接站，还有空中交通管制塔。运输部的雇员都很吃惊，因为几乎没有人见过部长亲自来访。在这些造访中，拉胡德倾听了雇员的顾虑。收集信息，了解工作中存在的最迫切的问题，这是他迈出的第一步。

拉胡德同样专注于彻底完成任务。在他的领导下，运输部召开了一次市政厅会议，该会议在网上同步直播，以便让各地的雇员都能参与进来。这提供了一种途径，可以让雇员分享自己的问题和想法，并让上级听见他们的声音。2013 年拉胡德卸任美国运输部部长职位时，《华盛顿邮报》在“最佳联邦政府部门”评选中，将运输部评为雇员满意度改善最大的机构。

做一个优秀的聆听者能为你带来强大的优势，它是一种表达尊重的简单方式，有助于与对方建立友谊和稳固的工作关系。一次高质量的对话足以完全改变一个人的行为，让对方决定与你合作。在之前的章节中，我们已经讲过，人际关系往往建立在自信和一致性的基础上，再加上一些幽默感和个人魅力，就能帮助你建立更有意义的联系。而仔细倾听则是你计划中的另一个要素，它能让你更友善地对待他人。以下是我们找到的提升聆听技巧的 6 种方式：仔细聆听、建立共情、珍惜沉默、读懂潜台词、小心处理敏感话题和保持心态开放。

仔细聆听

倾注注意力能证明你关心别人在说什么，而这也意味着你很关心说话的人。仔细聆听需要集中力和克制力：集中于对方所表达的重要观念；在对方说完之前克制自己，不要过早地做出回应。尤其是当你不喜欢对方传递的信息时，别把“信使”也一棒子打死。如果我们每次听到坏消息都对下属发飙，就不可能切实地解决问题。而且，如果下属每次告诉我们问题时，我们都批评他们，他们就再也不敢告诉我们真实发生的事情了。

聆听除了能帮助他人，还能成为一种生存机制，这在竞争性强的工作场所中尤为突出。我们在白宫工作时很快发现，对于每项活动，我们问的问题越多，所做的准备就越充分，活动也能更完美。我们要仔细聆听，才能理解总统和第一夫人希望为宾客做些什么。甚至当总统和第一夫人的日程忙碌到令他们无法清楚地传达所有细节的时候，我们也能知道如何按照他们希望的方式去完成任务。利娅很清楚，小布什夫妇在任何活动中都会提前到达现场，于是她要确保所有工作能在活动开始前 15 分钟准备就绪；杰里米也很清楚，应当确保他或他的下属始终在总统或第一夫人的视野范围内，这样工作人员就能在总统夫妇有需要时尽快做出回应。如果杰里米不得不离开或者无法参与某次活动，他也一定会提醒下属都离得总统夫妇近一些。

我们常常是将上级的想法传达给其他雇员的中间环节。当你扮演这个角色时，其他人可能无法很好地理解这些要求其实是来自上级的，并非来自你个人。而这一开始确实会为我们建立威信制造一些阻碍，但到最后，同事也都能理解。既然总统和第一夫人信任我们，他们自然也可以。

利娅

2005年5月，小布什夫人为时装设计师奥斯卡·德拉伦塔（Oscar de la Renta）举办了一次午餐会，这次活动正好与南希·里根（Nancy Reagan）来访处于同一时间。这次高调的活动令我十分紧张，因为里根夫人的宾客名单中还包括*Vogue*杂志的安娜·温特（Anna Wintour）、安妮特·德拉伦塔（Annette de la Renta）和芭芭拉·沃尔特斯（Barbara Walters）。我希望这次午餐会能做到尽善尽美，于是钻研了许多食谱，希望能够找到一道合适的前菜。后来，我终于找到了：那是一份龙虾汤，上面扣着一个看上去像是捕虾笼的精致酥饼篮。我找到新来的主厨克里斯特塔·科默福德（Cristeta Comerford），我们交流过后，她同样很兴奋。

可是到了午餐会当天，当龙虾汤端上来的时候，它看上去与我给克里斯特塔看的照片完全不一样。它的味道倒是很好，但外观只是一份普通的龙虾汤。我沮丧极了，非常不希望别人以为劳拉·布什为这次宴会选了这样一道外表平平的菜肴。在高压的工作环境中，我们总是很容易执着于出错的细枝末节，却不去关心其他顺利进行的部分。

后来我垂头丧气地找到克里斯特塔，尽可能心平气和地问道：“龙虾汤上面那个小笼子到哪儿去了？它那么特别，那么好看。”这回轮到克里斯特塔困惑了：“我还以为你只是想让我们用那个菜谱呢。”这无疑是一次沟通上的失误，当我发现克里斯特塔认为是她令我如此失望的时候，我更加沮丧了。在那之后，我们总是会将每一个想法都讨论得更加具体，并更仔细地聆听彼此要说的话。当然，劳拉·布什从来没有对我们两人提过这件事，但我知道她一定注意到了，只是没有说出来。第一夫人和其他重要人物总是知道，当错误无法弥补时，什么时候应该开口，什么时候应该放手。

建立共情

要想当一个优秀的聆听者，你必须对身边的世界感兴趣。比尔·克林顿曾在回忆录中写道：“我知道每个人都有自己的故事，其中总是不乏美梦和噩梦、希望和心痛、爱和失去、勇气和恐惧、牺牲和自私。在我的一生中，我一直都对别人的故事很感兴趣。我想听这些故事，想理解并感受其中的点点滴滴。”从某种程度上来说，正是这种与他人发生联系的深切渴望，让克林顿成为一名成功的政客，人们能感觉到，他确实是在关心那些影响他们生活的问题。

同情让我们将自身放置在另一个人的遭遇之上，共情却能让我们与别人处于同样的感受层面。拥有共情能力的人，不会轻易地在聆听时做出判断，只会试着去理解对方的感受。我们每个人都曾经历过这样的时刻，即感觉自己被忽视，这与获得承认、融入群体的感觉有着云泥之别。正是这种鲜明的对比，才让共情变得如此重要。

杰里米

米歇尔·奥巴马只有在确保她所支持的每一个倡议都是深思熟虑的之后，才会将其作为优先处理事项。2011 年，奥巴马夫人与吉尔·拜登（Jill Biden）博士[①]共同成立了“联合力量”（Joining Forces）组织。这个组织通过提供就业岗位、教育和医疗资源，为退伍军人及其家属提供帮助。

奥巴马夫人清楚地知道军人会遇到的难题，当然也包括其家庭会遇到的难题。她明白在此项目中，自己的视角与拜登博士截然不同，毕竟后者的儿子正在服兵役，而她与军队并没有这样的关联。但奥巴马夫人通过和军人家庭共处，了解了他们的问题。她听说每次搬迁到另一个军事基地，军人都不得不面临由工作地点改变而带来的困难，他们的孩子也不得不转到另一所学校。随着奥巴马夫人走访的地方越来越多，她的理解越来越深入，计划也越来越缜密，最终“联合力量”甚至囊括了心理健康方面的公共宣传活动。奥巴马夫人会在定期会议中与下属讨论她的新发现，而她对一路上遇到的人所具有的共情心，正好为她达成目标提供了路线图。

珍惜沉默

认真聆听的第一步是，拿开那些可能令你分心的事物，包括阅读材料、手机、平板电脑等。你必须让说话的人知道，这一刻你的注意力都放在他身上。研究显示，人的思考速度比说话速度要快得多，这就意味着你在努力聆听对方时，可能同时还在想着另外好几件事情，比如应该怎样回

① 吉尔·拜登博士是美国第 47 任副总统乔·拜登的夫人。——译者注

应对方、怎么去完成对方的要求、今天午饭吃什么，等等。可是你当下最应该做的是，仔细听对方在说什么。在对方说完之前，最好不要提前思考如何做出回应。

沉默本身就有一股强大的力量。你可以花一些时间去思考如何做出回应，这恰恰表示你的确是在认真考虑对方所说的话。不必为短暂的停顿而感到窘迫，给自己一点儿时间，去理解对话中涉及的内容。

聆听能力和领导能力之间的联系已经得到了确认。最优秀的领导者总是注重聆听胜过表达，他们还经常能通过问出正确的问题，引导他人自己得出结论。约翰·F. 肯尼迪总统的日常会客时间极少超过 15 分钟。与他有过会面的人回忆，肯尼迪总统通常在前 10 分钟内很少说话。他会先认真听来访者说话，并避免在中途大发宏论。肯尼迪总统会将所有的问题保留到最后 5 分钟，随后礼貌地将来访者送出门外。

聆听同样是一项重要的销售技巧。最优秀的销售人员会去问顾客他们想要什么，并尽可能地尊重顾客的要求。我们常常询问宾客他们在白宫宴会上有没有特别喜欢的东西，好让我们尽量投其所好。最受宾客喜爱的是鲜虾鸡尾酒、烘火腿和圣诞节的蛋奶酒，这种酒的后劲比双份马天尼还大。

让他人畅所欲言看似简单，实则不然。这既要求我们怀着共情心理去聆听，也要求我们以健康的方式处理自己的情绪。当听到和自己意见不同的话时，很多人会听不下去，并开始在内心逐一反驳。即使我们认为自己没有错，掺入过多感情也会影响思考。专注于当下，真正去聆听他人在说什么，才可能给你带来真实的理解。

在轮到你说话时，你应该询问具体的问题，以表示你始终在密切关注对方，并希望对方能澄清那些你没能完全理解的部分。而你在构思回应时，也可以考虑提及对方说过的原话。

当有人使用诸如“没有人告诉过我会是这样”这类模糊的表达方式时，我们可以要求对方提供具体的例子：你需要得到什么信息？这种事情发生了多少次？通过了解具体情况，我们就能更高效地解决问题。

列出对话里双方都同意的部分是一项非常有用的工作，因为这样能建立共识。当对方明白你们的立场一致时，你就可以指出你们观点的分歧之处。尽可能清晰地解释原因，并做好为对方做出多次解释的准备。你会发现，对话变得更顺畅，也更高效了。

就像你会尽量冷静地接受正在发生的事情一样，也多给聆听你的人一点儿耐心。如果你要与人分享难以理解或者敏感的信息，就要多给他人一些时间去消化你所说的话。不要期望立刻得到反馈。有时，人们需要空间去安静地想一想，然后才能做出回应。

读懂潜台词

高情商的人能通过直觉理解他人的情感，明白对方的心理状态，然后通过调整自己的情绪和行为，自如地管理人际关系。这有点儿像侦探的工作：追寻语言以外的线索，以此为依据做出行动。我们都能在某种程度上读懂他人，但只有在有效地训练观察力、增强专注力和共情能力之后，我们才能在友谊和工作关系中获得丰厚的回报。

如果你邀请一名同事共进午餐，席间他不断地敲打桌面、把玩餐具，那么这可能是因为他还有许多事情需要处理，也可能是因为他与伴侣吵架了，心情烦躁，或者他只是喝多了咖啡。一个拥有高情商的人在这种情况下可以用温和的方式旁敲侧击，甚至提前结束午餐。你可以以需要回去工作为由，无须多问，便让对方离开。

在沉默的时刻，你可以观察对方的身体位置、视线接触、手部动作和面部表情等非言语行为。有时候，高效的聆听包括聆听那些没有说出口的话。

利娅

确定国宴的视觉风格是一个复杂的过程，毕竟关于什么风格才适合印度总统或者澳大利亚总理，人人都有不同的看法，只不过最终还是要看劳拉·布什的意见。白宫花艺师南希·克拉克更喜欢传统的花束，我则偏爱以独特的方式摆放一些不常见的花卉。当听见宾客在走入晚宴厅时发出惊叹时，我就知道这样装饰没错。

南希和我会想出三种不同的花艺装饰风格，并选择与之搭配的瓷器和桌布，在计划举办晚宴的房间内提前布置好三张桌子。之后，我们开会讨论，在这些“样本”中做出选择。这时，我会注意观察小布什夫人的身体语言。没有人愿意伤害别人的感情，因此我们不会说出“我不喜欢南希的这个设计”这样的话。宴会厅里总是鸦雀无声，但我会观察小布什夫人的面部表情。如果她动了动一侧的眉毛，我就知道她可能喜欢其中一张桌子；如果她用手摩挲后颈，那就说明我们的大方向错了；如果她开始自己动手，把碟子换一换或者将插花移到另一张桌子上去，那么就意味着她自己的想法正在成型。当我能看出小布什夫人喜欢某个设计时，我就会用一些方法让南希了解到小布什夫人的想法。读懂这些潜台词能帮助我们更好地合作，而且不需要以拒绝南希付出的努力为代价。

有时候你还会发现，有些人甚至本来就期望你能读懂他们的潜台词。他们的本意与他们能够或者愿意公开说出来的话截然不同。有一次，一个知名组织的负责人请求白宫为他们举办一次晚宴。该负责人的开场白是这样的：“白宫的晚宴总是这么无聊，我们要怎么做才能让它不无聊？”这是一种很奇怪的请求方式，但在请求背后隐藏的信息是：他想在白宫举办一场宴会，就像新娘希望用一场时髦的婚宴给宾客留下深刻的印象一样，但他不喜欢小布什政府，并且想让我们也知道这一点。然而，他所代表的组织确实是在做有意义的事情。于是看在这一点的分上，我们刻意忽略了他那相当明显的潜台词。

每当有机会与政治立场截然相反的人合作时，我们都会接受这些合作的机会，尤其是当其目的与公益相关的时候。因为这能让我们与他们建立起联系，并让他们也能感受到我们的共同点其实比他们以为的要多。

小心处理敏感话题

从一个相对简单的话题入手，是展开敏感谈话或者话题的最佳方式。这可以说是一种更婉转的策略，即先从安全的话题入手，再小心翼翼、有技巧地触及真正的问题。如果你需要与共事者讨论对方工作上的缺失，那么最好先问问他的孩子最近怎么样了。这可能是他不想提及的工作早退的合理原因。如果他对你说一切都好，那么你可以向他暗示，因为他最近在工作上出现了过多的疏漏，所以你还以为是他家里出了什么问题。比起公开批评和对抗，这么做能让你更公平地对待对方，因为你考虑过其中可能存在的原因。这种旁敲侧击的方式，有时是你赢得盟友的有效方法。

在白宫书法办公室，我们经常需要使用这一技巧。书法办公室的日常氛围就如同期末考试前的图书馆，所有人都在静默中挥洒汗水：制作请柬、书写菜单、为总统手工书写正式宣言。白宫书法家的工作进度总是落后于已经安排好的日程，因为工作实在太多了，时间却永远不够。但他们总是充满想象力，会在野餐请柬上用水彩画上旋转木马，也会以仿莎士比亚的手写体书写羊皮纸菜单卡片，遥贺伟大诗人的诞辰。并非所有的设计都能得到最好的结果，但书法家们始终充满创造力，渴望献上自己的一分力量。因此，即使我们不那么喜欢他们的设计，也很难开口直接告诉他们。通常，我们会先说他们上一次项目完成得有多么棒，再说说这次我们喜欢的部分，最后才会温和地建议他们做出一些改进。只有这样做，我们才能表示出对他们的尊重，不至于伤害他们的感情。正因为知道他们的工作耗费了大量心血，我们才无法忍受以简单粗暴的方式对待他们。委婉的表达既有效，又足够温和，能让我们得到正向的结果。

保持心态开放

要想好好聆听，就必须要有开放的心态。美国总统虽然经常在充满善意的支持者面前发表讲话，但有时候也必须面对那些不那么友好的群体。无论拥有什么样的政治倾向，总统都需要建立这样的形象：对每一位意见相异者说的话都认真对待。总统需要为所有人服务，而不仅仅是为那些支持他的人服务。与反对者交流并找到与他们的共同点，是总统工作的重要组成部分。

2006年，小布什总统首次在美国全国有色人种协进会大会上发表讲话。由于协进会主席曾经批评过他，因此总统拒绝了前一次邀请。但《选举法案》正面临修正，小布什决定，是时候让这样的关系发生转变了。当小布什在大会上讲话时，他十分清楚下面的观众不好对付。尽管他收到了一些嘘声和抗议，但观众的反应大体上还是礼貌的。只要你愿意与那些曾经批评过你的人沟通，你就迈出了正确的一步。

互联网让大量信息在转瞬之间传遍全世界，很多人却倾向于使用越来越狭窄的渠道去接收信息，这是多么讽刺的事情啊！今时今日，人人都有自己的政治观点，但你能听进去与你想法相左的一方真正想说什么吗？我们大多数人其实都无法做到。因此，我们都需要成为更好的聆听者，去了解不同的观点。

美国道德与公共政策中心的高级研究员兼专栏作家彼得·魏纳（Peter Wehner）写到，美国人生活中的两极分化愈发严重。魏纳建议，我们应当践行亚里士多德所说的“德性的友爱”（friendship of virtue）。这种友谊建立在双方对彼此原则的尊重之上，与政治见解无关。在华盛顿，这种友谊越来越罕见了。国会议员宁可让家人都留在故乡，也不愿举家搬到首都华盛顿；议员本人及其配偶不再与其他持有不同政治立场的议员来往。不像过去，那时人人都将华盛顿看作自己的“基地”。过去十分常见的帮助维持两党合作、跨越政治立场的情谊也变得越来越少。但是，友谊也绝不应该被利用。正如魏纳所言，真正的朋友会“提升对方的敏锐度，包括不时地帮助对方从不同的角度去看待事物”。

维持这样的友谊需要付出努力。我们必须时刻提醒自己，最初是什么让我们走到一起的，可能是骨肉亲情、社区联系，也可能是我们对国家共同的热爱。对这些初衷的回忆，可以防止政见分歧损害我们的人际关系。

接受负面意见是最困难的事情之一，尤其是当这种意见来自我们不喜欢的人时。大多数人对此的第一反应都是直接屏蔽掉不想听到的话或者说话的人。保持开放的心态需要练习，但在一场令人不快或者干脆就是针锋相对的对话中，这种心态能帮助你从另一个角度去看待整件事情。把情感暂时搁置在一边，将注意力集中于说话的内容，是成熟的标志。

那么，如何才能做到这样呢？我们先要学会闭口不言，有时候这十分困难。在说话之前三思，尽可能使用温和的言辞，避免出现双方对抗的情形。最重要的是，我们要学会聆听和理解对方的观点。正是我们对他人观点的包容，才铸就了文明社会。

如果只听原本就与我们意见相同的人说话，我们就无法成长或者修复自己的问题。我们需要通过聆听事实，做出自己的判断，这样才能重拾得出自己结论的权利。当你关于某部电影、某个问题或者某个人物的观点正在形成时，尽量不要被其他人左右。成为一个优秀的聆听者，就是成为一个优秀的公民，这既是你的权利，也是你的义务。

直到如今，我们也都还在学习聆听。刚刚开始合作撰写这本书的时候，我们发现彼此讲究礼貌简直到了滑稽的程度。我们总是会小心翼翼地商谈写关于白宫的哪些话题，还不停地夸赞彼此的上司。杰里米会说说某位共和党总统的好话，利娅则会夸夸某位民主党总统。没办法，作为社交秘书的谦卑已经深入我们的骨髓了，以致我们必须去揣测对方的每一句话。直到后来，我们相互之间才建立起足够的信任，明确我们两人有着同一个目标：与他人分享那些帮助我们更好地融入群体的技巧。在这之后，我们才开始做到完全诚恳地交流，为彼此提供富有建设性的批评意见。聆听就像其他重要的社交技巧一样，需要人们用一生的时间去学习。无论什么时候开始，都不会太晚。

05

冷静：
掌控情境和秩序，赢取对方的信任和支持

TREATING

The Extraordinary Power

PEOPLE

of Civility

WELL

at Work and in Life

保持冷静，
愤怒就无法演变成争吵。

Keep cool,
anger is not an argument.

—

安德鲁 · 杰克逊
Andrew Jackson

保持冷静是一种坚定的态度。宁静、安详的态度会向其他人传达相应的信息，即现在的情况都在你的掌控之中，不需要担忧任何事情。在针锋相对的时刻，我们常常压不住快要爆发的火气，但想办法让善意和秩序回到逐渐失控的情况中是一种难能可贵的能力。在剑拔弩张的气氛里始终泰然处之，能让对手无处着力，还能够与其建立信任关系，令所有人专注于以逻辑解决问题而非诉诸情感，从而导向更快、更好的解决方式。

大部分人面对危机时仍然采取典型的“战斗或逃跑”的反应——要么掩耳盗铃、裹足不前；要么过度反应、盲目开战，总之先把所有能做的事情都做一遍，然后希望其中有些可以派上用场。危机发生的最初几秒是非常宝贵的，而在这几秒钟内，最好的做法就是采取冷静的态度。比起逃跑或者愤怒反击，我们应该让能量转移，使自己恢复冷静的状态，摆出专注的神情。这听起来像是废话，但人们确实会读你的反应，而这就让你多了一些时间去思考目前有哪些选择。你还可以提出问题，尽量了解情况，经过仔细考虑之后，再去选择采取什么行动。这能让别人知道你是一个稳健的“操舵手”，也就能让你的同事更强有力地支持你，他们同样会依赖你合理的回应和解决问题的能力。

我们找到 4 种方式，能让你在任何环境下都散发出冷静的力量：保持镇定、避免戏剧化、找到共识和保持全局观。

保持镇定

乔治·华盛顿是一个高度自律的人，他的一生都在尽力控制自己火爆的脾气。白宫东厅悬挂着华盛顿最著名的肖像画《兰斯多恩》(*Lansdowne*)，画家是吉尔伯特·斯图尔特（Gilbert Stuart）。这位画家曾说过，华盛顿的外貌中“显露出极为强烈、不可驯服的激情”。

华盛顿也认识到自己的这种个性特质，并终其一生都在尝试制衡它。16 岁那年，他摘抄了《言谈举止之道》(*Rules of Civility and Decent Behavior in Company and Conversation*)，这是关于塑造优秀人格的戒律。在这 110 条戒律当中，大部分反映了克制、耐心和保持尊严的美德。华盛顿这些在年轻时代的经验在美国独立战争中发挥了重要的作用。当时，大陆会议的出资远不足以为军队提供食物和武装，华盛顿不得不率领一支训练不足的军团出战。此外，作为军队统帅，他还要时刻与竞争者斗智斗勇，在此期间遭遇过一次又一次的败仗。华盛顿长久以来的自我克制、保持冷静，都帮助他时刻做好充分的准备，最终使他在美国历史上写下了关键的一笔。

想在面部表情和身体语言中流露出冷静的气度，自律当然必不可少。只要你愿意花时间去练习，就会习惯成自然。杰里米最突出的天赋是经常能急中生智；而利娅的长处则是时刻保持镇定。如果有人在国宴地毯上洒了一杯红酒，利娅会说："我们去弄点儿盐来就好了。"然后她会微笑着走出房间，即便此刻她心中可能在想："不是吧，怎么又来了！"在一次活动上，一位过分热情的修女想跟小布什总统握手，却撞倒了一名女助手。利娅在确认过助手没有受伤之后，礼貌地邀请这位尚有些眩晕的修女到宴会厅来吃点儿东西。几乎所有人都很快地把这件事忘在了脑后，不过这位身穿修女装的老年女性将女助手撞倒在地的景象，倒是深深地印在了利娅的脑海里。

在真正的危急时刻，控制情感显得更为重要。冷静跟恐惧一样，是有传染性的。2015 年，白宫记者团中有一个人心脏病发作了，当值的白宫医生马上接到了紧急通知。（白宫医疗组为总统及其家人服务，但在紧急情况发生时，他们也会被叫来为宾客或职员治疗。）与此同时，特勤局特工也立刻进场，为病人做心肺复苏。

最初的时刻充满混乱和恐慌情绪，但由于特勤局特工、社交助手和管家进行了快捷而有序的工作，没有人过度惊慌。我们都很清楚，必须要让记者团和宾客明白，我们已经为这位记者尽了全力。第二天，医院通知我们这个记者的情况良好，我们都大大松了一口气。

我们的上司，即两位第一夫人在保持泰然自若方面都称得上是行家。芭芭拉・布什有一次说道："劳拉是乔治暴风般脾气中的平静风眼。"即使遇到对她们来说习以为常的困难时刻，两位第一夫人也从不失控。有时她们在走回东翼的办公室时，会被一群旅游者团团围住；有时在国事访问中，领导人不得不在不够快的口译帮助下进行冗长的寒暄，她们也都耐心地坐着等待。在所有这些情境中，她们都展现出了平和的风度，让其他人也能随之放松。

利娅

通常在情感最激昂的时候，我们最需要保持冷静。初次负责肯尼迪中心荣誉奖招待会时，我特别兴奋。在这一年一度的活动上，我们要为5位艺术家颁奖，以表彰他们在职业生涯中为美国文化做出的贡献。在颁奖典礼之前，白宫会举办一次正式招待会，来这里的一线明星比白宫其他任何活动都要多。如果说白宫记者协会的年度晚宴是华盛顿的“书呆子舞会”，那肯尼迪中心荣誉奖招待会则无异于奥斯卡群星之夜。

招待会即将开始时，我为了避免撞到正前往现场的宾客，冲到东翼楼梯下，从侧门到厨房去。当时我身穿一件裙摆很大的无肩黑丝绒晚礼服裙，还戴着三串珍珠项链。我推开通往院子的门，像平常一样往外走，但是裙子下摆被钩在门里了。于是，当我全速朝外冲去的时候，门砰的一声地合上了，并将我的裙子一下拽到腰际。我被困在那儿无法动弹，并且衣不蔽体，就在侧门外通往白宫厨房的路上。万幸没有其他人在现场，我试着将裙子的上半截拉上来，可我只要一尝试站起来，整条裙子又会被门的重量拖下去。在惊恐之中，我想起这里有安全摄像头，但我不肯定这对我来说是好事还是坏事。如果监控这个区域的特勤局特工看到了我，就肯定会过来帮忙，但我不想让他们看到！

我深吸一口气，下蹲，像一只发疯的野兽撞向门，直到它松动为止。这样一来，我总算将裙子拽了出来。我理了理头发，做了几次深呼吸，走入白宫的招待会场地。在这个过程中，我逐渐恢复了平静。然后，我走到人群中，发现自己与罗伯特·雷德福（Robert Redford）正好打了个照面——他是我少女时代最喜欢的电影演员。雷德福朝我露出迷人的笑容，我不禁产生一种错觉：他知道刚刚我经历的糗事，但这明显不可能。“晚上好。”我对他和他的太太说，然后快速走开了。这是我在这种情况下能做出的最冷静的应对了。

还有一件更严肃的事情也表明，泰然自若的态度和快速的行动能在困难或意外状况中发挥巨大的作用。2001 年 9 月 11 日，我的女儿利迪 14 岁。当飞机撞上双子塔时，她正在上课，并听到错误的报道说白宫被袭击了。利迪知道我还在上班，于是快速地走出教室，到妹妹的教室去找她。当时整个学校系统都在封锁中，利迪向几个老师解释了我的情况，说她们姐妹两个必须离开，于是就这样出发回家去了。后来我丈夫发现她们正从学校往家走，便赶紧告诉她们我没有出事。

考虑到利迪当时的担心程度，我们对她所做的事情都不禁心生佩服。我们后来询问利迪当时的想法，她说：“我只是觉得我们必须得回家。”冷静而精准的行事方式，能帮助你看上去更强大，似乎一切皆在你的掌控之中，尽管实际上你可能心急如焚。即使对一个陷于恐怖袭击恐慌情绪中的 14 岁女孩来说，这种方法也同样奏效。

杰里米

事先没有人会想到，2011 年 5 月 1 日会成为一个难忘的日子。那天下午我走了一段很长的路，到弗雷德·霍赫贝格（Fred Hochberg）和汤姆·希利（Tom Healy）的家中参加聚会。弗雷德是由总统任命的美国进出口银行董事长兼行长，他和朋友汤姆举办的晚宴十分有名。那天晚宴上的客人还有《华盛顿邮报》的一名记者和《纽约时报》的一名记者。我们一共 9 人，围坐在桌边。但我刚坐下不久，就听到一阵嗡嗡声，然后意识到那是我放在大衣口袋里的手机在震动。那条消息是这么说的：“保密。总统今夜要在东厅发言。”

“保密”一词就意味着，除了协助这次发言的白宫工作人员之外，我不能与任何人讨论这件事。我走到弗雷德身边，轻声对他说我得走了，然后拿起外套，叫了辆车。在出租车里我暗想，所有客人一定都在想：这个人多失礼啊，这也能当上社交秘书？

社交办公室负责保证领班和主要的工作人员全部就位。此时我的副手已经开始与所有人联系，大家也都在回白宫的路上了。乘坐出租车前往白宫的同时，我在一阵恐惧和兴奋中开始思考到底发生了什么，总统竟然要在周日晚上发表讲话——通常情况下，总统不会在周末发表全国性的公开讲话，除非事态紧急，如国家安全受到威胁等。

抵达白宫大门时，特勤局军官告诉我，有传言说我们找到了本·拉登，而且已经抓住或杀死了他。白宫工作人员都在安排摄影机，为这一极具历史意义的声明做准备。美国国家安全团队刚从战情室出来，在蓝厅聚集。而我在绿厅等待时，奥巴马总统走过来，平静地和我打了个招呼。总统的镇定自若给我留下了深刻的印象，毕竟此前整个周末战情室中经历了一轮又一轮的激烈争辩和紧张决策。不过话说回来，前一天晚上总统在白宫记者协会的年度晚宴上同样谈笑风生。只有少数几个人知道，奥巴马总统在那天夜晚面对的是何等规模的难题。

国务卿希拉里·克林顿、副总统乔·拜登、中央情报局局长利昂·帕内塔（Leon Panetta）、副国家安全顾问丹尼斯·麦克多诺（Denis McDonough）、幕僚长比尔·戴利以及其他安全团队的成员均进入了招待室。我走进去的时候，已经多次检查了我的两部手机，确保它们不会在总统向世界公布重大新闻的时候响起来。摄影师皮特·苏扎拍下了我们一群人观看讲话的照片，立刻就在媒体和电视上传遍了。我站在房间最后面，手臂交叉，穿着一件深色毛衣。我的母亲看了之后跟我说，我没有像其他人一样穿西服。

接近午夜时，我收到晚宴主人弗雷德的一条信息，上面简单地写道：“原谅你了。”

即使你无须处理国际危机，在带有强烈情绪色彩的情境中避免惊慌失措仍然非常不容易。下面，我们分享一些关于如何保持镇定的宝贵经验：

找准当前情况的重心。先深呼吸，然后专注于了解目前的情况，冷静思考你有哪些选择。

让其他人安心。安抚身边可能会紧张的人，派那些惊慌失措的人去执行其他任务，总之先让他们离开现场。

转为平和的态度。保持放松的面部表情和姿态以及柔和、平静的声音。但不要做得太过头，那样会显得满不在乎，激动的人可能会误以为你漠不关心。

采取行动。决定行动顺序，然后在情况升级之前快速掌控局面。速度是使人恢复冷静的好帮手。

避免戏剧化

戏剧化在真人秀节目里很受欢迎，但在与人建立稳固关系方面有害无益。常与同事、家人和朋友进行积极而轻松的互动，对于获得他们的信心至关重要。而如果每次发生危机时你都极度受挫，就没有人会指望你来解决问题。相反，他们会把你看作问题根源的一部分。如果你能拒绝回应疯狂的行为，就证明你是一个可以依靠的成年人——别光发怒，去做实事吧。

我们在白宫做的任何事情都有可能进入公共视野中，这不能不说是一种奇特的幸运。这样我们就会三思而后行，而这几乎总能帮助我们在复杂的情况下找到经过深思熟虑的办法。

我们必须冷静地超脱于某些时刻之上，才能顺利地完成工作。在一些万众瞩目的活动中，一部分人似乎会飘飘欲仙，产生一种“人来疯”的劲头。我们要学会在粗鲁的举止或者过分的请求面前表现得宽容。如果有宾客抱怨总统有个重要的朋友没有受到邀请，他要跟第一夫人谈谈这件事，我们就要用平稳的语调提醒他，所有的宾客都是由总统夫妇批准邀请的。你可能会觉得很吃惊，尽管只有几秒钟的时间能与美国总统和第一夫人对话，但有的客人还是会选择抱怨，而不是说些令人开心的话。如果我们看上去对威胁漠不关心，威胁者就会停下来，重新考虑是否真的要去打扰总统和第一夫人。我们每天的工作就是不动声色地转移这些人的注意力，化解这些尴尬的时刻。

杰里米

在一个春雨绵绵的 2 月午后，奥巴马总统要在美国国家艺术和人文奖章颁奖典礼上，向一位著名作家和人道主义者颁发终身成就奖。活动聚集了一大批身份显赫的观众，白宫记者团也要出席。宾客在白宫大厅里互相交谈，东厅中放置着金色小歌剧椅，饰有总统印章的讲坛正在等待总统来临。然而，由于总统正处在紧张的交涉中无法抽身，典礼延迟了。先是延迟了几分钟，之后又是几分钟。这位要领奖的作家就一直干等着，有些生气地告诉我，他要赶飞机。当时我还是美国国家人文基金会的白宫联络人，一年之后才当上了白宫社交秘书。我和当时的社交秘书德西蕾·罗杰斯（Desirée Rogers）一同去安抚领奖人。德西蕾提议将颁奖仪式改到典礼的开头，我则想办法与作家讨论其他话题。

领奖人还在不断地威胁要离开，于是我一直陪在他身旁，答应他总统会尽快开始仪式。原本保留到仪式结束之后的餐点已经向宾客开放，一名海军乐队的乐手开始演奏白宫大厅的那台历史悠久的三角钢琴。大部分来访者都在享受这里的轻松一刻，除了我们的这位作家，他仍然十分不耐烦。虽然当时我还不是社交秘书，但依然能一眼看出这个正在酝酿的公关灾难。在白宫奖章的颁奖典礼上，还没有人不接受颁奖就离开的。

当时的白宫活动接待员丹尼尔·尚克斯（Daniel Shanks）说：“我们是第一次碰到这种事，尽力而为吧。”让我们感到欣慰的是，其他宾客和领奖人都在享受美好时光、拍照、在红厅里坐着聊天等。总统一到，领奖人把奖接过来，飞快地溜走了。危机总算没有发生。

我们往往不必去了解一个人为何会做出此类举动，重要的是你该如何应付它。这一次，大家镇定地相互配合，避免了将尴尬扩大到公众视野中。

利娅

那是一个阳光明媚的下午，宾客正通过特勤局的安全检查岗，陆续到场参加招待会。一位女士戴的长串珍珠项链恰好钩到了钱包扣子，项链就这么断了。几百颗珍珠朝四面八方滚动，现场一片混乱。特勤局军官无法离开岗位去帮忙捡四散的珍珠。这位宾客跪下来想捡起所有的珍珠，但这得花好长时间。其他客人开始因为拖延而有些不耐烦，况且珍珠还会影响到走路的人。眼看情况就要失控，这时我的助手卡罗琳·赫德尔斯顿（Caroline Huddleston）在门口处举起双手喊道：“耽误大家一会儿，这位可爱的女士刚刚弄断了珍珠项链。如果大家看到地上有珍珠，可以帮着捡一捡，然后给我递过来。各位这样做就帮了她的大忙，也帮了我们的大忙了。谢谢大家！”这么一来，原本有些烦躁的客人都开始弯下腰去捡珍珠，并且有说有笑。由于卡罗琳处变不惊，珍珠很快就捡完了。

戏剧化的行为会催生戏剧化的反应。下面是一些在工作环境或社交环境中减少戏剧化行为的方法：

区分敏感区。尽量让人们远离不稳定的情况以及会让他们情绪激动的话题。如果有志愿者每次看到总统或第一夫人都会呼吸急促，我们就要确保把他的岗位安排得离总统夫妇远一些；如果你知道最好的朋友忍受不了干等的状态，那就不要迟到；如果有人喜欢搅局，无法尊重与自己持不同意见的人，那就尽量不要让他参加有不同观点的人参加的聚会。

将歇斯底里扼杀在萌芽中。有的人无论到哪里都会兴风作浪。对这种人的装腔作势视而不见，就相当于抽走了燃烧所需要的氧气。谣言同样会滋生戏剧性的结果，因此我们必须尽快破除谣言。当谣言无所遁形时，你的反应就不会被当成故事讲给别人听了。

避免夸大。按字面意义去理解他人的话，别感情用事，要根据已知的事实做出行动。散播不准确的信息或者被轻易煽动，都会使争端加剧，只会让情况变得更糟糕。

语调平和。有一句话在华盛顿非常合适：“让说出的话永远保持柔软甘甜，这样一旦食言也不会太难受。”无论什么时候，当你发现自己正处在一个情感激昂的情境中，试着以积极或者至少中性的语调去说话。也许在少数情况下，你会后悔自己之前没有用力地表达出愤怒，但在大多数情况下，我们还是希望自己过去能够更冷静。

追根溯源。我们在白宫最初学到的知识之一，就是确保自己根据准确的信息说话，而非根据道听途说。偶尔会有第一夫人的熟人打来电话："第一夫人告诉我，请你邀请我的小舅子/秘书/高中篮球队队友/发型师来参加晚宴。这是他们的地址和电话号码。"他们认为我们因为太忙而不去查证，但正如里根在与戈尔巴乔夫的谈话中所说的："既要信任，同时也要验证。"

找到共识

有时我们必须处理并非由我们自己制造，但会影响我们取得成功的问题。当你有可能帮助发生冲突的双方和解时，不要退缩。你也许一开始觉得寸步难行，但记住，只要以同等的尊重和诚恳对待双方，并且结果与你有关，你就处于能够施加影响的位置。对多种解决方案保持开放态度，也能让你用富有创造力的方式去解决各种难题。

利娅

首席接待员的一项职责是保护作为美国总统历史博物馆的白宫，而白宫联络处的员工则需要保证白宫在电视上彰显出壮丽和庄严。这两种工作职责经常发生冲突，从而导致员工之间出现摩擦与分歧。白宫联络处员工斯科特·斯福尔扎（Scott Sforza）负责为在电视上播出的活动设置令人难忘的布景，大管家加里·沃尔特斯经常与他在许多事情上发生冲突。例如，在与外国领导人的联合新闻发布会上，总统讲坛应该靠在东厅的东墙还是西墙；用哪些房间去拍摄公益广告，等等。有一次，一个联络处的助手安排电视拍摄时，将红厅中一个珍贵的壁钟移开了。殊不知这是一件古董，只有白宫馆长和调钟师可以触碰。于是，这导致了一次剧烈的冲突（白宫调钟师的工作现在由白宫的电工负责）。

古董钟事件之后，加里和斯科特的关系进入了冷战期。他们互相看不顺眼，结果把这件事情搞成了一个老大难的问题。我能理解他们的不同立场，于是当分歧出现时常被拉进去，作为第三方主持公道。不过必须称赞的是，他们能理解我这种非正式“仲裁者”的价值，也通过我找到了与彼此相处的方式。

例如，加里会来找我说：“我们实在没办法弄到更多的彩旗来装饰大厅的新闻发布会了，你能不能帮我告诉斯科特？今天艾森豪威尔大楼要用那些多出来的旗子。”斯科特从我这里听到这个理由，会比从加里那里听到更容易接受一些，这样事情就可以顺利地进行下去了。通过帮助他们寻找共同点，并且确保他们“双方都没有错”，我找到了他们之间的共识。于是，活动得以顺利地进行，毕竟这才是我们的最终目的。

杰里米

2012 年 12 月，大选之后不久，米歇尔・奥巴马让员工聚集到一起，用几个星期的时间，在艾森豪威尔大楼召开了一系列战略务虚会。会议的目的是让所有人发表意见，决定接下来 4 年政府要采取的策略。幕僚成员先去了解了此前各任第一夫人都做过哪些事，包括有效和不太有效的举措（历史教会了我们一定要有多个计划，但不能太多）。

就这样，在大楼中的各个房间，我们举行了多个研讨会。幕僚成员分为数个团队，就不同的主题做报告。奥巴马夫人也作为团队成员出席。她的发型、妆容不像在面对公众时一样无懈可击，而是完全融入我们。这些务虚会除了为第一夫人制定下个任期的议程，也帮大家建立了共识，让所有成员都有参与感。

2011 年 7 月底，我得到了一个练习建立共识的机会。那是一次主题为长期日程规划的高级幕僚会议。这次会议是奥巴马夫人在休假之前，在日程表上安排的最后一个项目。所有部门，包括社交部、联络部、政策和举措部等都准备好演示接下来一年的计划。会议开了几小时之后，我们终于开始讨论这一年的假期主题，而这么一个困难的话题并不适合在炎热的夏日午后讨论。假期主题的确定必须经过深思熟虑，通讯联络办公室和总法律顾问也会审阅。整件事情难免显得小题大做，但一切都要慎之又慎，因为媒体只要找到足够刁钻的角度，总能将单纯的假期主题解读成一个大麻烦。我们之前提议的主题口号是“闪耀绽放”（Shine Forth），被通讯联络办公室驳回了。之后，我们决定将“闪耀、给予、分享”（Shine, Give, Share）定为假期主题，这也得到了奥巴马夫人的批准。

冗长的会议结束之后，我去奥巴马夫人的办公室，为她带去了一个惊喜。社交办公室员工、实习生、厨师和书法家鱼贯而入，端着放有曲奇和香槟酒的托盘。这次小小的假日招待会预演既感动了奥巴马夫人，也为大家带来了快乐，漫长的下午以昂扬的音符结束了。每个人只需要做出小小的努力，就能激励大家共同合作，达成共识。

建立共识是保持冷静的重要方式。你如果懂得如何让人们坐在桌旁，就各种问题达成一致，我们就几乎可以说你无所不能。以下几个方法有助于让人们平和而高效地找到共识：

开放讨论。让所有参与者都在决策过程中公平分享权利，尤其当团体较小时，这种做法更为重要。允许所有人坦诚地讨论问题，这样团队就能找到最佳解决方案。

创造选项。听从多数人的意见，做出尽可能多的选项。可能最终的决定不能让所有人都满意，但至少员工会感到他们的意见没有被忽视。更何况，高效的头脑风暴还可能为其他问题带来意想不到的突破。

从头再来。一旦陷入僵局，我们就回归问题本身。找一件整个团队都同意的小事，再琐碎也没关系，以让大家想起最初的感觉。这种小事完全可以是今天吃哪家的午饭这种无关紧要的事情。也可以休息一会儿，聊点儿别的，比如体育、电影，或者任何让人们能感受到彼此是同事而不是敌人的话题。这样能降低剑拔弩张的感觉，最终让大家回头再去寻找解决方案。

保持全局观

大部分我们担心的事情都不会发生，而且很多让我们夜不能寐的事情并不受我们控制。至于我们能去修正或改善的情况，最重要的是保持对其重要性的正确认识。你不应该因为第一夫人不喜欢圣诞派对请柬的设计而歇斯底里，在生死攸关的问题上表现得满不在乎更是不对的。保持全局观是保持冷静、高效的重要组成部分。当你了解了一项任务的分量，就更有可能使出合适的力度。

1955 年，艾森豪威尔总统将要在宾夕法尼亚州立大学开学典礼上致辞。出席的官员和他弟弟（这所大学的校长）担心会下大雨，问总统是否要将活动转移到室内。

"你决定吧，"艾森豪威尔总统说，"自从 1944 年 6 月 6 日之后，我就再也没有担心过天气问题了。"那一天盟军士兵在法国诺曼底登陆，与纳粹作战。一个人曾规划过有史以来最伟大的登陆作战，就很难再去为一场雨而大惊小怪。大局观能提醒我们什么才是重要的事情。

利娅

我刚开始做社交秘书的时候，对这份工作怀有一种不太健康的恐惧心态。当时我并不知道自己设立了过高的期待，于是万事力求完美，所有细节都让我操心不已。在特别艰难的一天之后，我趴在桌上努力忍住眼泪，心想："我怎么进了这个火坑？"就在这时，电话响了，是安·斯托克（Ann Stock），她曾经担任克林顿夫妇的社交秘书。安提议举办一次午餐会，让我与其他前白宫社交秘书聚一聚。

这是我一生中最宝贵的下午之一，这次聚会对当时的我而言无异于雪中送炭。这些机敏而充满活力的女性曾经征服白宫：她们曾让政治风暴平息，为其他人收拾残局，造就了历史性的时刻，否定了糟糕的主意，最终获得了巨大的成功。她们每个人都是活生生的例子，坚强地迎接这份工作的挑战，克服了困难并实现了个人成长。在肯尼迪、约翰逊、福特、里根、克林顿、老布什和小布什的政府中，这些出色的女性始终坦诚而开放，还有一肚子好玩的故事。她们一一诉说自己遇到过的糟糕时刻和侥幸事件，还告诉我当时怎么跟出了名不好相处的人打交道。她们开阔了我的视野。

午餐会结束后，我对自己的能力有了全新的乐观态度。我热爱这些女性，永远不会忘记她们曾给予我的帮助。为新任社交秘书举办欢迎会的传统仍在延续，我们总是力图为现任的社交秘书提供资源。我打心底希望，我们能继续将这些经验与每一位新人分享。

下面是一些保持全局观的建议：

要明白自己无法掌控一切。如果飞机延误导致你错过一次重要的商业会议，别去责怪乘务员。想办法安排电话会议，让你能远程加入。如果条件不允许，尽快做出解释，并列出问题清单。你应该做能做的事情，而不是一味地在无法改变的事情上纠缠。

设定优先级别。提醒自己真正重要的事情是什么，不要将其他人的倾向和兴趣与自己的混为一谈，以批判性眼光审视自己的预期。你是否拥有不切实际的想法，是否为复杂的任务规划了过短的时间？如果是这样的话，让自己放松一下吧。

享受自己所在的位置。每天回想自己的优势和幸运之处，能够让你把握整体的情况。向曾经与你处在同样位置的人伸出援手，这也能培养你以长远的眼光考虑问题。

英国在第二次世界大战期间的口号是“保持冷静，继续前进”（Keep Calm and Carry On）。这句话经常出现在马克杯、毛巾和明信片上，其中的原因很有道理——它让人安心，拥有向上的力量。谁不喜欢冷静和昂扬的感受呢？现在，你知道怎样才能做到这一点了。你会注意到，在激烈的交锋或者日常生活中散发冷静的力量，真的能改变自己的感受。而且，这么做能展示出你的成熟、能力与经验，因此它也会改变他人对你的看法。

06

圆融：巧妙处理冲突，巩固人际关系

TREATING

The Extraordinary Power

PEOPLE

of Civility

WELL

at Work and in Life

文明是生活的方法，
更是对所有人给予平等尊重的态度。

Civilization is a method of living,
an attitude of equal respect
for all men.

简·亚当斯
Jane Addams

巧妙地处理冲突，需要有开放、积极的视野，还要熟练掌握我们前面所说过的人际交往技巧：自信、幽默感、保持一致性、仔细聆听以及冷静的态度。与他人有意见分歧并不可怕，也不见得要以矛盾爆发为结局。有时候，分歧能成为改善关系的道路。人们只要懂得善待彼此，就不会想故意挡路或吹毛求疵，而是会去合作，为牵涉其中的所有人创造更好的结果。

在你加入冲突之前，先要了解自己愿意牺牲的东西和不愿意牺牲的东西。解决分歧并非零和博弈，也不是要完全压倒对方。如果你在关心自己利益的同时也能对对手的利益有所了解，那么你也许就能够找到可行的解决之道，从而为更强大、更高效的关系奠定基础。

1978 年，长期敌对的埃及与以色列签订了“戴维营协议”，这个例子证明了吉米·卡特总统的和解能力。总统让梅纳赫姆·贝京（Menachem Begin）与安瓦尔·萨达特（Anwar Sadat）在戴维营谈判了近两个星期。当时谈判似乎已经无法进行下去了，卡特总统却能说服两位领导人让步，促使他们达成历史性的协议，他们两人后来都获得了诺贝尔和平奖。卡特总统帮助贝京和萨达特在棘手的问题中找到了共同的利益，他这种能够看到可能性而非障碍的能力，成就了这次外交上的突破性进展。

在各种各样的情境中，我们可以依赖三个策略来高效地处理冲突：直面问题、建立边界和控制回应。

直面问题

不想面对困境是人之常情，但你越早开始处理问题，也就能越快地摆脱困境。比起思考“之前是哪里做错了”，你更应该问自己“怎么做才能解决问题”。不及时面对困境会让紧张感蔓延、扩大。如果争端或者问题快速升级，即使问题不是你造成的，最后也还是需要你自己去处理。

利娅

我在白宫早期规划的一项活动是，劳拉·布什为某个声望很高的女性服务组织举行的年度茶话会。我们预计会有350位客人乘坐大巴，前来参与这场第一夫人的茶话会，会上不需要致辞，也没有节目，只有茶和精美的点心。然而这场原本应该十分简单的活动，没过多久就复杂化了。其中一辆客车在驶入东车道时，撞到了白宫东南入口的钢门。大门就这么卡住了，一直维持着打开的状态。

与此同时，乘坐另一辆客车的客人已经抵达白宫，正在外面排队等待进入。其中一位客人在出示身份证的时候，两名特工快步上前逮捕了她——铐上手铐，将她带走了（不过他们倒是用她的外套盖住了手铐，以示尊重）。她的同伴立刻认为，这位客人肯定受到了极为不公正的对待，便拿出手机开始用愤怒的电话轰炸参议员办公室。参议员马上给白宫法制办公室和椭圆形办公室打电话，要求释放他选区的选民。我从小布什总统的私人助理布莱克·戈特斯曼的来电中听说了这一切。

“有人在你们的茶话会上被捕了吗？”布莱克轻声问道，“有一个参议员刚刚给我打电话，说要向总统投诉。”

“客人被逮捕了？”我倒吸一口凉气，“总统知道吗？”

“还不知道，”布莱克说，“你能帮忙处理一下吗？”

然后，法制办公室来了几通不那么客气的电话，他们同样从愤怒的参议员口中听说了这件事。在社交办公室的常用说法中，这是一个“令人大惊失色”的时刻。我感觉血正在往脸上涌。如果总统听说这次逮捕就糟了，但我更担心的是媒体听到风声，这正是那种深夜秀主持人最喜欢的话题。

我本可以朝特勤局特工发脾气，这样做在当时可能会让我感受稍好一些，但是负责这次活动的特工是一个我非常尊重且信任的人。茶话会已经开始了，我给他打了个电话。这位特工告诉我，那位被捕的女性有好几个联邦逮捕令在身，只要她试图进入联邦设施，特勤局就必须逮捕她。他们从茶话会清单中发现了这个人，一直在等她来。换句话说，这不是一个误会。

当我知道事情原委之后，面前的道路就很清楚了。一名特工将那位女性的朋友带到一边，向她们解释了情况。所有人都震惊了。那位参议员的助手也向我们的工作人员道了歉，说他们的反应过于轻率。15 分钟内，问题就得到了解决，并且总统在事情解决之后才得知了这件事。

但混乱仍未停止。数分钟后，我听到绿厅发出喊叫声。当时宾客正在那里排队，准备轮流与第一夫人合影。我冲进去，发现一群女人在大声喧闹争吵，小布什夫人从楼上一定也能听到。于是我做了自我介绍，问她们是否有事情需要帮忙。冲突似乎源自应该让谁排在队伍第一个的问题。

我尽可能模仿出“大家长”的语调，大声说：“女士们，请安静一些，要不然谁都没办法合照了。”

人群中又出现一阵骚动，但我成功地吸引了她们的注意。“布什夫人马上就要到了，你们想让她看到你们这个样子吗？”虽然她们还在怒视着彼此，嘴里嘟嘟哝哝，但还是乖乖地重新排好队，让余下的活动顺利进行了下去。这也许不是一次顺利的招待会，但我们想方设法地尽快解决了冲突，避免出现真正的失误或者难堪的局面。

以下是当你需要直面问题快速做出反应时，应该记住的几件事：

准确了解情况。如果在那个春天的下午，利娅没能快速地从其他白宫官员那里得到准确的信息，事情就会持续发酵，她个人的声誉也会因此受到影响。提出恰当的问题能帮助你了解情况：发生了什么事情？牵涉到什么人？我们应该如何解决？你还有什么没有告诉我的事情？我们还有多少时间来解决这个问题？

果断介入。在有问题需要处理的时候，你不应该担心人们是否会觉得你过于激进。有一次，原计划要在南草坪进行的法案签署被众议院投票打断了，利娅没有关注自己的语调是否过于激烈，毕竟原来有 100 名宾客聚集在草坪上等待与小布什总统合影，可是其中 80 人突然就离开去投票了。此时总统正穿过草坪走过来，而背景中却是一排空荡荡的椅子，这要是被拍进去可不妙！利娅与两名工作人员一起跑过去，飞快地将多余的空椅子挪开，并请求余下的 20 名宾客填满总统座位后面的空椅子。总统抵达时，大家刚好搬走了最后一把空椅子。最终拍摄完成的照片上，总统后面是一群面带微笑的宾客。利娅和她的下属一瘸一拐地回到草坪的另一边，她的高跟鞋被草地弄坏了，浑身大汗，但总算松了一口气。

提供最新情况。如果有时间且事件无须保密，要让同事知道你意识到出了问题但正在解决。不必说明细节，但要让对方了解最新情况。

当你受邀参加谈判时，有时候可以事先预料到可能发生冲突。在这种情况下要记着，大多数与我们有不同意见的人并不是我们的敌人。如果你去谈判的唯一目标是彻底压倒对方，那争端升级就不可避免了。

要不断提醒自己，分歧可能成为通往进步之路，若你致力于合作更是如此。罗纳德·里根在办公室中珍藏着一块牌匾，上面是哈里·S. 杜鲁门的名言：There is no limit to the amount of good you can do if you don't care who gets the credit（如果你不在乎名利，就能行人所不能行之善）。

下面是几条关于如何在直面问题时有效进行干预的建议：

尊重反对意见。提醒自己，与你交锋的对手的观点虽然与你的不同，但同样是有效的。试图从他的角度去看问题，就像你希望他会做的一样。

保持果断而清晰的态度。要坚定而不过分激烈地表达你的诉求。如果你的情绪变得激动起来，要牢记处理冲突是成长的机会：与另一个人共同解决问题，你们的关系会变得更加牢固。

使用包容的措辞。说"我们"，别说"我"，如"我们要怎么解决问题""我们试试别的办法好吗"。需要完成任务的时候，合作总比斗争强。

倾听不同意见。倾听其他人的声音，能让参与者感到自己受到了重视，从而让对话进行下去。

建立边界

建立边界是一种预防或缓解冲突的行之有效的方式。你应该明确自己的边界，同时也认清他人的边界。将自己的底线清楚、直接地告诉别人，人家可能不太爱听，但会由此知道你的立场、尊重你的观点。边界感能带来秩序。

如果你的同事经常去参加他没有受邀的会议，你可以先单独向他解释清楚会议的人数限制是有原因的，这是对他越过边界的警示。然后你可以问问他具体想知道什么信息，这样你就很可能会得到有用的答案，从而避免这类不恰当的行为一再出现。

尽可能援引先前已经存在的标准，这能为你的立场赋予一种历史的重量感。在白宫，我们会将规定告知那些与我们一同工作的人，包括什么事情是可以商量的、什么事情是问都不该问的。我们以长久以来建立的传统为盾，来抵御不恰当的要求。提出拒绝的不是我们而是白宫，宾客总不能对着白宫的传统发脾气吧！

杰里米

有一次，某公司的行政总裁前往拜访奥巴马夫妇。他乘坐私人飞机抵达杜勒斯机场，给我打电话说担心自己会因交通堵塞而迟到。他问我能否帮他拿到通行权，他想租一架直升机直接飞到白宫南草坪。我解释道，只有总统有这项特权，就连第一夫人和副总统也不能在南草坪上降落，其他人更是天方夜谭。1981 年，里根总统遇刺受伤后，当时的副总统乔治・H. W. 布什拒绝乘坐直升机直接到白宫，以示对总统的尊重。在我平静地解释了白宫南草坪直升机降落的相关规定后，这位总裁意识到自己的请求并不现实，最后乘车来到了白宫。

利娅

我最初到白宫时，在维护自己的界限方面做得极差。我有一个根深蒂固的习惯：必须保持随和，不惜一切代价让事情顺利运行。于是，我经常在专业争论中压抑自己的情绪，但最终付出了健康方面的代价。我明白过来，如果我不像尊重他人一样尊重自己，他人也就不会尊重我。

官邸有一名员工热衷于在所有事情上发表意见，尽管这些事与她的职责并不相干。当她插手与她无关的事务时，我没有吭声，因为那时她看上去相当无害，而我太渴望维持良好氛围了。

假日宴会的预演是指在数个星期内集合厨师、花艺师和社交办公室之力，进行一次宴会餐桌摆放演习。在一次这样的预演中，我站在甜点桌边，与糕点师比尔・约瑟斯（Bill Yosses）讨论如何摆桌。我将一个大蛋糕碗放在桌子的一端，那位喜欢发表意见的员工走到我背后，说："放在那儿怎么行！得放到这儿。"她把碗移到了桌子中央。后来，小布什夫人来查看宴会布置情况，在国宴厅内巡视并提出一些小建议。当夫人来到甜点桌边时，她看了看蛋糕碗，拿起来放到我最初放的位置。当着小布什夫人的面，那位员工转向我说："我都和你说了，不要把碗放在中间。放在边上不就好多了？"

我实在不敢相信，这位女士竟能做出这种事来。但我忍住了火气，什么都没说。如果我在小布什夫人面前纠正了她，就会显得我才是那个小肚鸡肠的人。不过，这并不意味着我之后不会说些什么。平心而论，如果一直没人有勇气告诉她，她就永远不会知道自己惹怒了别人。

后来这位员工终于触到了我的底线。有一天她走进我的办公室，看到墙上挂着4幅装饰画，便点评说它们“过于女性化”，应该换一换。这一次我泰然自若地看着她，说道：“这是我的先生特意买给我挂在办公室里的。”她的脸上闪过一丝惊慌，随后退出了我的办公室，没有再说一句话。我终于让她知道，她的所作所为有些过分了。之后我们之间再也没有发生过此类问题。

下面是几条关于如何运用边界避免冲突的建议：

设立边界。不要因为害怕冲突就允许他人为所欲为。如果你不希望在星期天晚上收到与工作有关的邮件，那就别在这个时间段回复任何信息，除非是紧急事件。如果一名同事喜欢在星期一早上到你家来延续周末的欢乐，你应该友好而坚决地告诉对方，你要开始工作了。如果你在假期想去一个与世隔绝的地方，那就最好给同事留下纸条，解释清楚在哪些日子他们联系不上你，万一有紧急状况应该找谁。

坚持信念不动摇。当你的私人边界受到挑战时，不要轻易让步。并不是只有孩子才会感觉到同辈人的压力，在我们的一生当中，总是会不得不压抑自己的感受。我们越早学会忽视这些压力，就能越轻松地贯彻自己的信念。

保持慎重。不要分享太多私人信息或者未经证实的谣言，在工作环境中尤其如此。如果有人询问出其不意的问题，侵犯了你的隐私，你可以礼貌地改变话题。

运用常识。找到潜台词中暗含的边界，防止冲突升级。别专挑工作繁忙的时候用特别长的时间去午休。如果在一个忙碌的日子，你需要离开办公室，就安排自己在前一天晚上多留一会儿，或者早点儿到办公室，做好自己那份工作。如果你能看清职场上那些显而易见的边界，就在无形中鼓励了其他人也这么做。

控制回应

处在冲突当中时，你应该仔细考虑后再做出评论或采取行动，以防说出不可挽回的一时气话。在不加控制的怒火中冲口而出的话语，很有可能会永久地改变一段关系。即使你与某个人在某个具体事件上有分歧，也不要上升到你对这个人的总体态度上。

怨恨的情绪或者报复的想法会让解决冲突变得更棘手。处理问题时，要避免嘲讽、轻蔑、批评和过度防卫心理。它们只会加剧矛盾，让你的对手更加顽固。在发脾气之前，提醒自己还有更大的目标。

杰里米

有时我们需要闭紧嘴巴，尽管这可能很难。某年 1 月的一个寒冷的夜晚，我去出席一次晚宴。我只认识晚宴主人，于是我在穿过豪华的起居室时，有意地向不同的人介绍自己。当时有一个年轻人站在壁炉前，正在欣赏壁炉架上的各种照片。我问他认识主人多久了，这是一句不会出错的开场白。年轻人说他们相遇在某次“糟糕透顶的典型的白宫假日招待会上”。他说起当时多么无聊，在那些“老旧的房间里瞎晃悠，人人都在拍照”。我一开始怀疑他在开玩笑，因为他说得兴致勃勃。但很快我明白过来，他是认真的。我听着他说的话，笑容逐渐在脸上凝固了。

后来我们都坐在了晚餐桌边，那张桌子几乎像白宫国宴厅的餐桌那么大。主人简要地介绍了每位客人，让大家都能彼此认识。当主人说“我们很荣幸白宫社交秘书杰里米·伯纳德今晚有时间来与我们相聚”时，我用眼角的余光瞄到了那个年轻人的反应。他大吃一惊，向身旁的人耳语了什么。我将要离开时，特意去与他握手，表示很高兴能认识他。他为自己的失言而道歉，我一笑而过：“没事儿。”

这成了我下属最爱讲的一个故事。我们在早晨例会上讨论前一天的活动时，大家常常开玩笑说这“只是又一次糟糕透顶的活动”，但其中蕴含着对一切都顺利进行的宽慰之情。

你应该了解到大部分的冲突都是过眼云烟，要以健康的方式引导愤怒和挫折感，避免不当发泄。如果某一天过得特别艰难，杰里米会让助手给他 5 分钟安静的时间，并关上办公室的门。门一关，杰里米就坐到远离办公桌的地方，进行一次短暂的冥想。短短几分钟的安宁，便能为我们缓解压力带来莫大的帮助。在白宫水深火热的一天工作过后，利娅常常会在车中把收音机声音调大，找到最热闹、最欢快的音乐，跟着一块儿唱起来。这样，她到家时就已经感觉好多了，也能与家人共享天伦之乐，而不会因为工作上的烦恼而迁怒于他们。

白宫社交秘书的工作经验给了我们巨大的帮助，让我们学会迅速解决冲突，建立生活与工作上的边界，并且尊重他人的边界。时刻在公众的目光之下行事，意味着我们在面临棘手的状况时要保持克制和深思熟虑。

处理冲突是一个人自儿童时代就开始发展的技巧。如果孩子看到双亲或者照料者以积极的态度彼此交涉，他们自己也会学着这么做，从而形成合理解决冲突的习惯。他们会学会如何为自己发声，同时管理好情绪。这都是缓解压力的有用工具，也是极其优秀的才能，并且像其他技能一样，这也是完全可以在后天学会的。

07

诚实：往往是解决问题的最佳方式

TREATING

The Extraordinary Power

PEOPLE

of Civility

WELL

at Work and in Life

真实就是力量，
而且亘古不变。

Truth is powerful
and it prevails.

—

索杰纳 · 特鲁斯

Sojourner Truth

当谈起美国公认最诚实的总统时，人们很少会想起格罗弗·克利夫兰（Grover Cleveland）。大多数人能记住克利夫兰总统，是因为他是美国唯一一位两次任期不连续的总统，以及他有一个非婚生的孩子。然而，正是克利夫兰正直、坦率的名声及与腐败进行斗争，才让他从水牛城的市长一跃成为纽约州州长。担任州长时，他与坦慕尼协会（Tammany Hall）根深蒂固的势力做斗争，然后一路平步青云，当上了总统。出版商约瑟夫·普利策（Joseph Pulitzer）列出了人们应当投票给克利夫兰的4个理由：第一，他很诚实；第二，他很诚实；第三，他很诚实；第四，他很诚实。

就在1884年总统竞选前夕，克利夫兰的非婚生儿子曝光了。当时未婚的克利夫兰确认了与儿子母亲的关系，并承认这个孩子由他养育。这可能是美国历史上唯一一次性丑闻对候选人提供了助力的情况：克利夫兰成为当时近30年来第一个赢得竞选的民主党人。

诚实是一项人人欣赏的品质，但它需要讲究方式。你必须拥有足够的自信，能泰然自若地处理冲突，才能知道如何表达难以启齿的真相，或者知道应该在什么时候过滤掉那些会伤害听者的信息。

你需要知道的第一件事是，尽管真相总是好的，但是谎言也可能是出自爱意和温柔。有时候，说出真相可能是残酷且毫无意义的。我们因光明磊落而自豪，但同时也发现在某些情况下，最恰当的做法是小心翼翼地绕过真相。

在真诚坦率方面，有三个基本原则指引着我们：从一开始就坦白一切，分清真相会带来帮助还是伤害，用长远的目光看待问题。

从一开始就坦白一切

有时候你可能会忍不住想隐藏使你感到窘迫的事实，尤其是在工作面试这一类的场合。但正是在这种环境中，保持诚实才能为你建立诚信的形象，让人刮目相看。马弗·布兰登（Muffie Brandon）在面试社交秘书职位的时候，最先做的就是提醒里根总统自己是一名在册的民主党人。马弗后来说，总统回应道："我自己过去也是民主党人。我们要找的是最适合为美国服务的人。"双方的诚实奠定了良好工作关系的基础。

杰里米

我在美国驻法国大使馆工作时，收到一封由米歇尔·奥巴马的下属发来的电子邮件，询问我是否有兴趣申请社交秘书的职位。这是因为那时的社交秘书朱莉安娜·斯穆特即将离职，要为总统的竞选连任做准备。我没有犹豫就答应了。在面试之前，我提前在周末抵达了华盛顿，为可能的行程延误提供了缓冲时间，也能更好地调整时差。整个上午，我都在与高级幕僚会面，结束之后被带到奥巴马夫人的东翼办公室。她拥抱了我，在正式开始谈话之前，我们聊了一些我在巴黎的工作。我担心自己的开场白可能会有问题，但我想尽量地坦诚："我必须承认，我不是花艺专家，也不了解床上用品。"她笑了，告诉我在其他员工中有人对这两项工作颇有造诣。

面试过后，我告诉朱莉安娜我一开始说了什么，她大笑起来，告诉我她面试的时候也对奥巴马夫人说了同样的话。结果是我们两个人都被雇用了。

我之所以会尽量地坦诚待人，应该追溯到我在得克萨斯州念高中时的一件事情。那次我和三个朋友一起违反校规，离开校园去吃午饭。不久后，我们被喊到校长的办公室，一个一个地被询问。我们还没时间统一口径呢！其他人都磕磕巴巴的，有个人说他想出去为年鉴上的广告位寻找广告主。轮到我的时候，我举起双手，说："我只是想在别的地方吃顿饭！"校长笑了，我们被送回教室，没有受到惩罚。

利娅

1987 年夏天，老布什让儿子小布什和我丈夫一同与埃德·马迪根（Ed Madigan）代表会面，寻求马迪根对共和党提名的支持。马迪根的反应并不积极，他对小布什说：“我担任国会议员时赢得了初选，请求您父亲的帮助，但他的下属没有一个人给我回电话。您为什么会认为我现在愿意为他卖力呢？”

小布什回应道：“关于我父亲的下属没有给您回电话一事，我代表他向您致歉。这绝非我父亲的所作所为。他是一位真正的绅士，如果他知道此事，一定会十分愤怒。当然，我并不期望您一定会支持我们，但我希望您知道，我们十分期望得到您的支持。我把我的电话留给您，如果您有什么事情需要我的帮助或竞选的帮助，抑或是我父亲的帮助，请您给我打电话，我一定会接的。”

两天后，马迪根为老布什竞选总统背书。他告诉我丈夫韦恩，他与小布什的那次对话是自己“与华盛顿的所有人之间有过的最坦诚的交流”。小布什用自己的诚恳将对手转化为支持者。他们的关系从此变得越来越亲密，马迪根后来被任命为小布什任内的农业部部长。

事实上，在职场上弄虚作假可能会使你陷入危险的境地。你认为无关痛痒的捏造可能会让你的声誉受到影响，你应该清楚地说明自己的能力。如果你只是在中学随便学过两年西班牙语，就不要对老板说你能流利地与西班牙人交流。当你被要求带领讲西班牙语的客人参观办公室时，你的不诚实就会以一种特别尴尬的方式暴露出来。

还有一条重要的经验是，别承诺任何你做不到的事情。尽管政治支持者都热衷于设宴，但他们有时候也会忘记自己的住所可能不足以举办总统级别的活动。有一次，一名筹款人在郊外别墅举办活动，承诺会有“充足的停车位”。然而，他所谓的停车场只不过是附近的一片崎岖不平的野地。那天晚上下着雨，100 多辆汽车在浸水的草地中下陷，一直没过了轮胎。林赛·雷诺兹（Lindsay Reynolds）是一名警惕性很高的活动规划人，他眼见问题发生了，立刻打电话叫了方圆几十公里内的所有拖车，马上把汽车从野地中拖了出来。晚宴结束时，宾客们的车辆已经在车道旁排成一列，尽管泥泞不堪，但总还能上路。宾客并不知道，林赛让一场灾难免于发生。但我们可以肯定，人们再也不会不假思索地在那所房子举行政治活动了。

分清真相会带来帮助还是伤害

我们知道应该尽量说实话，但有时候小小的谎话能让他人感觉更舒服，也能表示出你对他人感受的尊重。利娅的婆婆萨莉的厨艺很糟糕，每到傍晚，萨莉就开始在厨房忙里忙外，她的丈夫此时便会从椅子上跳起来，说："萨莉，你累了，咱们出去吃饭吧。"许多年来，他们一直快乐地重复着这个过程。我们是否应该对彼此坦诚相对，始终是一个复杂的命题。在我们看来，说话直截了当的程度取决于特定的情境和你的动机。

利娅

2005 年，伊拉克战争进展不佳，美国国内反战情绪日渐高涨，在白宫活动中邀请表演者变得越来越困难。安排表演者的日程本来就十分棘手，因为这些人的日程经常提前数年就定好了，或者在白宫活动当天要出国巡演。要找到一位"在美国，当晚未被预约，愿意义务演出"的表演者非常需要运气。那一年，我们还需要在表演者被邀请条件中加上"并非坚决反对布什政府"这一条。十分尴尬的是，当小布什总统在别处参加活动与表演者会面时，他们会谎称自己非常期待在白宫演出。之后总统向我提起有过这样的对话，我会再去联系表演者，他们却纷纷改口说没有时间，每次都是如此。

总统日理万机，不会关心特定的名人是否来过，因此这个问题并不严重。直到有一次，在高级幕僚的圣诞宴会上，我恰好坐在他身旁。总统告诉我，他与一位当时大受欢迎的乡村歌手聊得很开心，对方也说很期望到白宫来演出。然而就在一个星期之前，我刚刚与这位歌手的经纪人有过电话交流。这个经纪人不仅仅是拒绝了我那么简单，而是说："想都别想！"我没有过多犹豫就把实情告诉了小布什总统。我看到他的脸上闪过一丝失望的神色，当时我真希望自己能收回刚说过的话。小布什总统在最猛烈的政治攻击面前总是泰然自若，我从没想过他竟会把一个艺人的话放在心上。我立刻说，我很肯定这位歌手只是因为日程冲突才来不了的。但后来我明白过来，当总统提起这位歌手时，我应该附和说要是能请来白宫演出就好了，然后再告诉他我会去联系。坏消息可以先不说，避免进一步的伤害，或者我至少可以说得更婉转一点儿！

杰里米

我自己也曾听到过残酷的实话，这让我自己在说出实话之前，总会先经过慎重的考虑。2015 年 2 月，就在我做社交秘书任期结束前的三个月，*Vogue* 杂志做了一次关于白宫社交办公室的详细企划。作为社交秘书，我自始至终尽量保持低调，几乎从没有接受过采访。这次我要和同事一起接受采访、拍摄照片，我感到十分激动，也有一些紧张。我们都很担心自己的衣着无法达到这本奢华的杂志的标准，但同时又很期待。

然后有人告诉社交办公室团队，有一些人对社交办公室获得过多的关注很不满，他们觉得自己才应该成为杂志文章的中心。将此事告诉我们是毫无意义的，我们感到不快，而且这还是我们第一次从那些人身上感到敌意。原本欢乐积极的工作气氛就这样为之一变，这种所谓的“诚实”将一次激动人心的特别体验涂上了不愉快的色彩。

为了保护宾客，让他们时刻感到宾至如归，我们常常要说半真半假的话，偶尔也需要说谎。比如，我们会重新解释他们抱怨的情境。

“您不喜欢这次演出的座位吗？但这里是整个大厅音响效果最好的位置，您可真幸运！”

“我为您带来了激动人心的消息。在今晚的正式晚宴中，您的邻座将是州长千金。从州长子女的角度去了解州长府上的生活难道不是一件有趣的事情吗？通常情况下，我们不会让 14 周岁以下的孩子出席这样的宴会，不过这次是例外。”而事实是，尽管我们都喜欢孩子，但当你受邀前往白宫参加正装晚宴，期待度过一个雍容典雅的夜晚时，与一个孩子邻座也许会将这种体验毁于一旦，无论这个孩子多么可爱懂事。

“我们深感抱歉，您今夜无法与总统邻座。这是因为住房及城市发展部部长特意请求您坐到他那一桌去。我们很少接受这样的私人请求！”

有时，掩盖真相带来的害处比好处更大。我们中的大多数人都曾在职场上与做事不力的人共处，这让我们不得不思考如何才能解决问题，同时又不让他们产生被疏远的感觉。每一天我们都在做出类似的权衡：我是否应该告诉这个和善的新助手，他做记录的时候记下的电话号码都是错的？我如何才能让共事者知道，我已经不再愿意为他的缺席打掩护、弥补他在工作上的疏漏了？

这些同事需要听到真相吗？当然需要。但是，说出真相的形式决定了它的效果。应该有人来告诉新来的前台，我们对她的工作表现抱有怎样的期望。我们可以告诉她，她非常善于接听电话，效率很高，但记录电话号码时要更仔细些，以避免出错，即我们对她的工作评价既要诚实又要保持乐观的态度。在直接报告上级之前，你必须先与同事实话实说。

而在你自身的表现上，当你处于困境时，记住“你为什么要告诉我这个”总是要比更愤怒的“你为什么没有早告诉我”更容易回答。如果你知道上司必须要了解的重要信息，比如一批销路最好的产品由于运输问题延误到了圣诞节之后，或者你没能及时向客户出账单导致月结账目出了差错，这时掩盖真相可能会像滚雪球一样加剧问题，甚至会导致你丢掉工作。在这些情况下，尽快向上司或同事告知实情能表现出你的诚实和对公司利益的关心。

杰里米

我们总是将奥巴马夫妇每年 8 月在马萨葡萄园岛的几周休假看作赶上工作进度的最好机会。2011 年 9 月第一周，我正在准备一次东翼高级幕僚会议，这将是一个多月以来奥巴马夫人参加的第一次会议。

早些时候，我收到了第一夫人公共联络室主任陈远美发来的电子邮件。她提议，在会上不要提及即将到来的为迎接韩国领导人而举办的国宴。我们最近了解到，这次宴会的时间被设在了 10 月 13 日。这封电子邮件让我们措手不及。我们需要确定并审阅宾客名单，仅是这一件事就可能花上 6 个星期时间，然后我们还得在合理的时间内将请柬送出去。在会议之前我没有机会与陈远美交流，便假定她是不想让议程过于饱和。

在进一步考虑之前，我已经来到了奥巴马夫人面前，向她汇报我们将在秋天举办的无数场活动。在汇报的同时，我也在思考着这个似乎注定双输的局面：我应该忽略陈远美的指示吗，还是应该向奥巴马夫人隐瞒信息？如果我隐瞒，如何能保证她不会从别的地方听到？

于是我深吸一口气，简单地说："我们刚刚接到通知，迎接韩国总统的国宴日期是 10 月 13 日。"尽管我能看到奥巴马夫人的表情很吃惊，但我依然继续说了下去，提到预算和其他细节。她提出了自己忧虑的问题，与我的担忧一致，但幸好除此之外，她都十分镇定。

在会上，我始终不敢看向陈远美的方向。后来我去找她，做了唯一一件我认为正确的事情：我说谎了。我告诉她，我在会议之前没看到她的邮件。我本可以说"很抱歉我们没有时间早点儿讨论这件事"，然后再解释我的想法，但当时我的直觉是对上级坦诚，而不是与同事一起掩盖真相。直到许多年以后，我才对陈远美说出了事实。我们都笑了，她原谅了我。

用长远的目光看待问题

当你考虑是否应该对某人坦诚时，采取长远的目光至关重要。很多工作上的关系尽管有摩擦也需要长期延续下去，因此你必须为未来做好铺垫。

当你发现对方向你说谎了，你应该采取最好的处理方式，避免引发激烈的冲突。你可以戳穿谎言，但方式必须要巧妙、委婉，比如先假定对方是受到误导或者获得了不准确的信息。如果同事向你的上级说谎，声称你要为某次重大延误负责，你应当与同事单独交谈，平静地讨论这一问题，或坚持要求与上级一同讨论以澄清这场"误会"。

无须直接指责同事。在一次有杰里米在场的会议上，奥巴马夫人告诉一名幕僚他的备忘录没有记录下足够的细节，并且对他的工作进行了批评。杰里米在此前的一次会议中，目睹另一位同事指导这位同事大幅度修改了会议备忘录。在与第一夫人的会议中，这位同事什么也没说，后来杰里米私下告知了奥巴马夫人，这位幕僚实际上是完全按照指示行事的。奥巴马夫人的态度就软化了。

利娅

我来白宫之后不久，就发现了一名员工说谎。新官上任，我得到机会展示总统用的瓷器和精致的银质餐具。这一切让我十分激动，我尤其喜爱银镀金餐盘。然而当我要求其中一名管家在即将到来的国宴上安排使用这种餐盘时，他告诉我餐具不齐，现在已经不再用了。我对这种情况早有耳闻——在白宫，使用哪种餐具始终是一场斗争。馆长和管家为了保护器具，不断地拒绝我的请求，甚至不愿意让我看看都有哪些收藏。我们总是处在令人难以忍受的彬彬有礼的角力中，争执哪些器具应该交给白宫展示和使用。当我向另一名管家提及我的失望之情时，这位管家吃惊地挑起眉说："可是我们有 60 套镀金餐盘可以用啊。"

从那以后，只要活动符合规模和正式程度，我都会要求使用镀金餐具。没有必要与那名管家发生尴尬的冲突，我知道他只是想保护好藏品，他也知道我只是想让晚宴尽可能气派些。为了能长期顺利地合作，我们都得把一时一刻的冲突抛诸脑后。

杰里米

在一次活动上，我与某人交谈，他夸口说自己与奥巴马夫妇非常亲密，甚至到了无话不谈的程度。我清楚地知道他说的不是真话，也产生了戳穿其谎言的冲动，但之后我决定还是不说为妙。他的谎言不会伤害到任何人的名誉，也不会改变任何实际结果，只是能满足他的一点儿虚荣心而已。我对他感到些许同情，然后不再关心这件事。

人们有时会说出一些草率的话，但并不应该为此被过于苛责。如果事情变得很清楚，这些无用的话语并非出于无知或者偶尔为之，而是被有意地唆使，那我们最好直截了当地做出回应并尝试阻止。

利娅的父亲一生都是民主党人，而他似乎将女儿的不同政见看作某种私人层面上的背叛。许多年来，他都会故意向利娅提及自己讨厌哪些共和党政客，如果那个政客恰好是她的上司，他就更变本加厉。终于，在多次刻意忽视他的话或者转变话题之后，利娅开口说："爸，我们只是对政治有不同的见解。我们一年就见几次面，不聊这些不是更好吗？"利娅没有加入具体的争论，只是对情况做出了总体评判。后来，她的父亲几乎不再提及政治观点，父女的关系也得以保持融洽。

利娅

有时放手也是一种优雅和释然。切尼夫妇早期在副总统官邸举办的一次晚宴上，前副总统夫人、过去曾居住在这所房子里的玛丽莲·奎尔（Marilyn Quayle）四处张望，大声说："这里从前多美啊！"切尼夫人和我交换了无奈的表情，但她略过这句话，热情地迎接了奎尔夫人。她知道，奎尔夫人不是有意羞辱她，只是回忆起了过去的时光。

历史上从来不乏通过撒谎得到参加白宫宴会资格的人，但很少有人像这位客人这么胆大包天：他告诉约翰逊总统的社交秘书贝丝·埃布尔，自己的妻子就要死了，参加为迎接挪威国王和王后举办的午餐会是她一生中最后的愿望。但这次午餐会的请柬已经派发出去了，并没有空余的名额。于是贝丝去找约翰逊夫人，告诉她客人这个不同寻常的请求。夫人立刻就同意让贝丝想办法让这对夫妇加入活动，而后来贝丝也做到了。

但在随后几个月乃至多年间，贝丝多次遇到这个男人和他活蹦乱跳的妻子。就是因为当时贝丝把这个客人往好处想，才会受到他的欺骗。但从长远看来，邀请他们前来仍是正确的。因为贝丝以这次经历警示她的继任者，要郑重地怀疑所有的“最后一次请求”。

08

忠诚：
巩固人际关系，强化团队合作

TREATING

The Extraordinary Power

PEOPLE

of Civility

WELL

at Work and in Life

友谊是把世界连接在一起的
唯一纽带。

Friendship is the only cement that
will hold the world together.

—

伍德罗·威尔逊
Woodrow Wilson

在白宫中，忠诚如同稳定的电流，使人们之间的关系变得更加牢固，这样的关系往往会延续一生。我们不用花费太多的时间，就能分辨出能够依赖的人和不应当寻求帮助的人。在任何职场上，道理都是一样的。只要忠诚的信念足够强大，人们团结一致，就能做成任何事情。

如果没有建国功臣的信仰和理想，美国的建立就不可能成为现实。尽管帕特里克·亨利（Patrick Henry）和乔治·华盛顿同样来自弗吉尼亚州，也都是革命派，但他们之间的关系并不像我们所想的那般亲密无间。亨利极其反对华盛顿所支持的宪法，他认为，殖民主义者仅仅是以联邦政府代替国王，依然可以肆无忌惮地征税。他警告人们："我们将失去自由，暴政无可避免。"华盛顿则将亨利称作"自由之敌"。

1778 年，殖民地军队陷于一系列败仗和撤退中，士气低落。费城的本杰明·拉什（Benjamin Rush）是《独立宣言》的签署者之一，密谋要免除华盛顿大陆军总司令的身份。拉什给帕特里克·亨利写信，邀请他加入这场阴谋。然而，亨利立刻将这封信转寄给了华盛顿，向他发出警示。即使他们在其他问题上争论不休，亨利对华盛顿的忠诚从未受到影响，美国独立始终是他们的共同目标。华盛顿对亨利感激不尽，两人终其一生都是盟友。

忠诚并非愚忠，而是一种对真实和贯彻始终的承诺。与忠诚的人共事，你会明白他们之所以在工作中有优秀的表现，是因为他们对你、对组织有着一份责任感。同样，他们也知道自己能够反过来依赖你。

西奥多·罗斯福有一句名言叫“忠诚比虚名更可贵”。人们现在日渐遗忘了这个忠告。我们发现，忠诚是获得成功和充实生活的关键。它能带来一份积极的感受，也是一项可以学习的社交技能。我们将其分为以下几个重要的因素：保守秘密、成为坚强后盾、构建双向忠诚、顾客忠诚度，以及忠于人、忠于事业。

保守秘密

忠诚者了解如何保守秘密。在我们认识的人当中，白宫官邸的工作人员是一群最忠诚的人，我们可以完全信任他们，因为他们从不谈论白宫过去主人的闲话。我们的确问过他们这些，一半是出于好奇，一半是将其作为一种非正式的考验。他们始终能够保守秘密，这表现出他们决心维护每一任总统的隐私。同样这也让我们感到非常放心，因为他们也会对我们的上司有着同样周到的考虑。在今天的媒体环境中，某个普通人与名人之间的关系可以轻易变现，但极少有白宫官邸的工作人员会与媒体交谈。即使接受媒体采访，他们说的也是总统家庭的正面故事。

所有与总统夫妇拥有紧密工作关系的人都能看到，总统和第一夫人的生活完全暴露在聚光灯下，没有任何隐私，于是他们很容易对工作人员涌现出一种依赖感。想想这是什么感觉吧：你知道自己说出的每一句话都会被听见的人反复咀嚼，传话游戏总会发酵成负面新闻；你每次表露出挫折感或失去耐心，尽管这只是人之常情，但就是会有人跑去通知所有人你今天心情不好。隐私得不到保护的感觉，会让最强大的人渴望忠诚。因此，总统和第一夫人总是给予官邸的工作人员极大的尊重。

杰里米

2012 年，我为第 38 届八国集团峰会来到戴维营，切身体会到了白宫官邸工作人员的能力与忠心耿耿。多日以来，我们都在为其他国家的领导人的到来做准备。在等待迎接他们时，我们有一些休息时间。我与白宫管家聊天，询问他们对历届总统的看法。他们说出的故事都是正面的，我只能从他们分享的逸闻数目去猜测他们喜欢哪任总统多一些。关于老布什总统，他们极尽美言，显然对他怀有一份特别的尊崇之情。2013 年，在一次光芒基金会的庆祝活动中，老布什重回白宫，我也亲身见证了工作人员对布什家族的敬爱。当老布什夫妇步入外交接待室时，官邸工作人员团队殷切地等待迎接他们。我注意到，不只老布什夫妇眼含热泪，20 多年前与他们共事过的工作人员也同样热泪盈眶。

我们应该以白宫官邸的工作人员为榜样，在传播朋友和同事的私人信息时考虑得更加周详。忠诚者绝不会在背后诋毁他人，当别人发表刻薄的言论时，要准备好礼貌地为自己的盟友辩护。尽管批评者也许不认同你的观点，却会尊重你以诚待人。

尽管听说有人在其他人面前批评你是一件令人沮丧的事情，但你应该别把它太当回事儿，更不要以此为由说对方的坏话。利娅在白宫担任不同职位时都发生过类似的事情。她知道这些批评更多的是一种政治手段，而非针对她个人。人们常常试图通过贬损他人来增强自己的影响力。利娅始终告诫自己，无论如何她应该效忠的都是总统和副总统，以及他们各自的夫人。

成为坚强后盾

奥巴马夫妇与拜登夫妇之间有着罕见的真挚友谊。宣告本·拉登死亡的第二天早晨，活动前的东厅静悄悄的，杰里米看见总统走了进来，张开双臂拥抱了拜登夫人和奥巴马夫人。很明显他们不仅互相尊重，而且建立了以信任和倾慕为基础的牢固关系。在美国建国早期，总统和副总统在上任前不久仍是竞争对手，副总统是在总统竞选中取得第二位的人。不仅如此，未获胜的党派通常会选择总统的竞选对手担任副总统。因此，总统与副总统绝少是立场相同的伙伴。

奥巴马与拜登却是例外。拜登有一次在采访中说："我不喜欢他，但我爱他。"在一次感人的仪式上，奥巴马给了拜登一个惊喜——为他颁发总统自由勋章，称他为自己的兄弟。拜登热泪盈眶，微笑起来，奥巴马打趣说："这又给了媒体一个机会来八卦咱们的兄弟情。"

同样，奥巴马夫人与拜登夫人之间的搭档情谊也与日俱增，无论是在美国各地的"联合力量"组织中还是在白宫中的工作上，她们都是极好的合作伙伴。2015年6月，在拜登爱子博·拜登（Beau Biden）的葬礼上，奥巴马总统感人肺腑的讲话并非作为美国总统而发，而是作为家族成员而发。这两家人之间有着极为浓厚的爱与情谊。

这样亲密的关系不可能在一夜之间发生，而是随着时间的流逝精心地建立起来的。忠诚意味着始终不懈的支持，即让对方知道你一直都在，随时愿意倾听或提供帮助。无论是私人问题还是工作问题，你都要向身处困境的朋友伸出援手。锦上添花者众，而人们最难忘的却总是那份雪中送炭之情。

这不是空洞的口头承诺，而是具体、可靠地表示“我愿意在你身边”。如果你参加同事配偶的葬礼时对他说“有什么我能帮忙的尽管说”，就听上去显得模棱两可，似乎有些不够真诚。这时候你应该想一想自己实际上能做到的具体的事情，比如问对方星期二晚上是否需要你带晚餐过去，或者星期六下午是否需要你把孩子们带出去看电影，好让失去至亲者有一些喘息的空间。

利娅

几年以前，我丈夫韦恩在纽约工作时，因胸口疼痛倒下了。韦恩到了医院，请求助手通知上司斯蒂芬·施瓦茨曼（Stephen Schwarzman），表示自己无法参与当天晚些时候的会议了。斯蒂芬听说韦恩进了医院，立刻去医院看望，并与韦恩一起等检测报告出来。他承诺一有消息就给我电话，我飞到纽约去与他们会合。幸好，韦恩心脏的小问题解决了，但我们都不会忘记在那次可怕的考验中，斯蒂芬对韦恩的友善与付出。对他来说这只是平常的一天，但我常常满怀感激地想起。

杰里米

过世的参议员特德·肯尼迪（Ted Kennedy）在与人发展深厚的情谊方面具有独到的天赋。在他为参议院重新选举筹款的几次活动中，我担任主持人之一，后来就收到一张他的手写字条。在复活节、美国独立日和其他假日我也会收到他的来电。特德·肯尼迪会打电话来聊天，就像老朋友一样。与他打过交道之后，我才知道我父母为什么一直对他评价极高。

肯尼迪议员多年来的政治总监比尔·卡里克（Bill Carrick）告诉我，有一件小事让他了解到自己的上司是多么重视与同事发展私人关系。在某个周末，密西西比州的参议员约翰·斯滕尼斯（John Stennis）进了医院，肯尼迪在接下来的周日给卡里克打了个电话，说："比尔，我需要你在政治上的帮助，也需要你在战略上的帮助。但最主要的是，我需要你在我们的同事进医院的时候及时通知我！"

下面是一些让自己成为坚强后盾的方式：

遵守诺言。这里的关键仍然是一致性。言出必行能让你的形象更可靠，也能让其他人更忠于你。与可以依靠的朋友一同度过人生，总比独自生活更充实，也不那么孤单。

坦诚地表达意见。当你给一位朋友带去了坏消息时，一定要同时表达出支持他的心意。杰里米有一个朋友，希望能得到一次重要的约见。后来，约见明显是不可能了，但没有人愿意去告诉她这个消息。杰里米与她见面，告诉她接下来会怎么样，她很失望但感谢他的坦诚。

无条件地表示支持。一旦你已经对别人表示了支持，就不要撤回，而是要毫无保留地去帮助对方。忠诚是一种非黑即白的东西，没有介于中间的选项。朋友和同事都会感激你的忠诚和热心。

杰里米

我们在生活中总有顺利与不顺利的时候，而跟我们关系最密切的永远是那些无论什么时候都支持我们的人。已故参议员特德·肯尼迪的妻子薇姬·肯尼迪（Vicki Kennedy）十分善于让他人感受到被重视。多年以来，我们曾多次见面，对话始终十分融洽。我在任职期间曾多次收到肯尼迪夫人发来的信息，最动人的是我离开白宫时，她发给我许多封邮件，问我最近如何，接下来有什么打算，并附上她最好的祝愿。这一切对我来说意义深远。

利娅

我刚到华盛顿的时候，在乔治城大学美国战略与国际问题研究中心跟一名来自荷兰的年长妇女共事。她名叫伊尔莎·穆勒（Ilse Muller），父亲曾为荷兰皇家壳牌公司工作。在第二次世界大战刚开始的时候，日本占领了荷属印度尼西亚，她被困在了那里。青少年时代，伊尔莎一直在日本建的一处条件恶劣的女性集中营里生活。这种经验令她能够从独特的角度欣赏生活，也成为她所在乎的人们坚强的后盾。

伊尔莎对我十分友善，我们常在附近的印尼餐厅一起吃午饭。她会用流利的马来语点餐，给拥有美国中西部口味的我介绍了一系列异国风情的佳肴，比如印尼炒饭和甜曼煎粿。我与伊尔莎相处了很长时间，她要求我在工作中放慢速度，注重正确性，还鼓励我继续深造，并温和地敦促我享受生活、不必过于认真严肃。在我的人生中，这样一个总能提供有效指导的人为我带来了无法估量的幸福感。

在我订婚后，我与伊尔莎的友谊变得更加重要了。我的父母反对这门婚事，拒绝为婚礼付款，最初还拒绝出席婚礼。这本应是我生命中最快乐的时刻，却变成了每天都要从两个我始终渴望得到支持的人那里收到强烈的反对。在整个过程中，伊尔莎是我一直依靠的人。能有一个成熟而忠诚的朋友衷心地祝福我的婚礼，并在整个婚礼仪式上始终面带微笑，这对我来说是极大的幸运。后来我的父母逐渐喜欢上了韦恩，但我永远无法忘记在最初那些艰难的日子里，伊尔莎对我的始终不渝的支持。

构建双向忠诚

忠诚不仅仅在同辈和同事之间重要，在企业的成功当中更不可或缺。所有的公司领导都很清楚，现在的公司如果期望员工稳定工作，需要做的事情远比支付薪资更多。公司必须为员工提供渠道，让他们表达关于如何达成专业上的目标，如何创造职业成长的机遇，如何在组织各部门之间建立合作的意见，以及让员工看到你关心他们作为个人和集体的福利。如果你处于领导的位置，则要对下属表达出感激，为你的下属仗义执言，给他们为你工作的动力。

在许多方面，办公室的环境如同家庭，我们会与经常有机会交谈的人变得密切起来。赞扬他人，与下属定期沟通，以及提供进一步学习和训练的机会，能帮助他们感受到自己在工作中得到了成长，从而建立对公司的忠诚心。

利娅始终清楚，当复杂的问题出现而她需要帮助时，她就可以拿起电话，与白宫幕僚长乔舒亚·博尔滕（Joshua Bolten）来一次坦诚的对话。其实，博尔滕刚上任不久就主动联系了利娅，鼓励她随时给自己打电话。他开放的态度让社交办公室与西翼之间的互动比过去更顺畅，而且他这种共同承担的方式在整个白宫蔓延开来，让整体氛围变得更高效、更友善。

给雇员以意义感，让他们感到自己属于集体的一部分，是一种极好的做法，能点燃他们的忠诚之火。希望取悦喜爱的对象是人性，而忠诚总能得到回报，最终不断放大。

杰里米

如果你为一个组织或一项事业努力工作，当中又发生了一些困难，在这个时候，你知道自己身后有来自上司的保护，就能极大地缓解焦虑。曾有一个民主党的重要捐助者希望为奥巴马议员举办活动，同时要求大量的一对一交流时间，还要求奥巴马在一些问题上做出承诺。我们请求这名捐助者降低要求和期望，结果他生气了，开始朝竞选工作人员和愿意听他说话的人怒吼。我是其中一个他以丰富的词汇辱骂的对象。

在这种一边倒的“对话”结束后，我给财务主管彭妮·普里茨克（Penny Pritzker）打了个电话，报告了此次经历。我紧张地屏住呼吸，等待彭妮做出反应，毕竟这个人是民主党长期以来的忠实捐助者啊。然而，彭妮让我别担心，她不会再让这个人举办任何活动了。彭妮后来成了奥巴马政府的商务部长。她让我们看到，那些为竞选活动鞠躬尽瘁的人才能赢得她真正的忠诚。

利娅

劳拉·布什有一个习惯是喜欢跑到东翼各个办公室，友好地问大家："你在做什么呢？"她每次来到现场，总是能提振大家的士气。有一天傍晚她来我的办公室时，我正在为参议员配偶午餐会的菜单操心，恰好看到了一道卖相极佳的菜肴的照片和菜单：可食用的花朵被包裹在数层极轻薄的意面中，底下垫着小菜苗，佐以淡淡的柠檬汁。小布什夫人看着书中的照片，说："我可以借走这本书吗？"然后，她站起来就离开了。几天后，她的私人助手来还书。在第一夫人通讯办公室工作的琼·多蒂（Joan Doty）那天告诉我："布什夫人带来一本书，给我们看了上面的一张照片，说是您为参议员配偶午餐会准备的。她说：'这就是利娅·伯曼的出色之处啊。'"这个称赞完全出乎我的意料。我脸红了，那一刻也加深了对劳拉·布什的忠诚之心。

顾客忠诚度

无论位于施与和接受的哪一侧，忠诚都有着不可磨灭的价值，这就是它的吸引人之处。双向的好处让我们之间的联系更加紧密，也让我们的感觉更好。但这不只是一种个人的好处，忠诚同样驱动着大大小小的组织前行。很多商人会说，少数回头客往往能带来数目很大的销售量。如果你每天都去一家咖啡店，服务生就会记住你的名字，并且给你每满 10 杯就送一杯的优惠，这样所有人都能从中得到好处。

无论是顾客、客户还是白宫宾客，建立忠诚度的实质就是让他们感受到自己被记住、受到了重视、得到了倾听。无论你在哪个行业，当你努力与人建立忠诚关系时，也就是在向他人表达你希望超越商业交易之上去建立人与人的关系。

利娅

乔治城有一家摩根药房，面积不大，但已经为华盛顿人供应处方药超过一个世纪了。有一次我的手被狗咬了，感染得很严重。那是一个周五的下午，医生打电话给摩根药房要开抗生素，却不知道药房已经关门了，下周一才开门。药剂师巴利在电话留言中听到了这段语音，直接给我丈夫打了个电话，让他当晚就到已经关门的药房去为我取药。正是这样的服务，才能建立起顾客的忠诚度，多么珍贵而动人啊！

杰里米

我父亲曾是圣安东尼奥的律师，他的客户多种多样，包括社区组织者、教师、政客和公司领导等。当我还是一个十几岁的孩子时，我在一个夏天的午后来到爸爸的办公室。当时，圣安东尼奥马刺队的老板安杰洛·德罗索斯（Angelo Drossos）对我说："你知道吗，很多人都问我为什么老来找你爸爸。我们的政见太不同了，这里也不是什么大律师事务所。但当我只有一辆小小的流动食品车，没有一分钱的存款时，你父亲始终支持我。当我一无所有时，他在我身边，我永远不会忘记这一点。"

多年以后，我父亲过世了。他的另一位朋友比尔·哈登（Bill Harden）写了一封信，刊登在报纸上，其中有这样的语句："我最好的朋友今天早晨走了……他有着绝妙的幽默感，我会永远记住他的笑声……如果读者与他没有私交，这将是一个遗憾，但我希望大家都知道，他一生都在为所有人奋斗……我在一生中认识了许多人，但没有一个人像他这么好。顺带一提，我毕生都是一名保守派共和党人。”我的父亲如果在世，也许会为这封信感到窘迫吧。但我为这份忠诚而骄傲，也很感动。

奥巴马夫妇同样深知如何表现出忠诚。入主白宫后，奥巴马夫妇将许多始终与他们站在一起的人也带到了白宫。我永远不会忘记竞选早期与奥巴马夫人在洛杉矶见面时的场景，当时他们刚刚结束了一次筹款活动，她正开着一辆租来的小型面包车前往圣地亚哥。奥巴马夫人带着两个女儿，还有助手梅莉萨·温特（Melissa Winter）。杯架中是一瓶瓶装水，车中没有一丝一毫未来“大人物”的气息。我告诉她，我们来自加州财政办公室的团队会先到达现场。她的回答是让我们一定要安全驾驶，这预示着未来她将化身成如同大家的“母亲”一般的角色。

不到 20 个月以后，米歇尔·奥巴马就成了美国第一夫人。梅莉萨·温特将成为她的副幕僚长，我则将成为白宫社交秘书，其他早期就在的人同样获得了关键的职位。奥巴马夫妇十分重视长期关系。话虽这样说，我们当然还是每天都必须证明自己的能力。

忠于人、忠于事业

总统在公众面前表现出的待人忠诚，往往是一个事关形象的重要因素。1952 年总统竞选期间，当德怀特·D. 艾森豪威尔的导师乔治·C. 马歇尔（George C. Marshall）受到参议员约瑟夫·麦卡锡（Joseph McCarthy）的攻击时，艾森豪威尔没有立刻维护他的导师。他的确认为麦卡锡应该受到谴责，并且准备在一次重要的竞选演说中维护马歇尔。但当时政治环境的现实情况是麦卡锡极受欢迎，艾森豪威尔因此没能在那次演说中贯彻自己的意图，在最后一刻略去了关于导师马歇尔的一段话。这让他的支持者感到非常惊讶和失望。据说在余下的一生中，这件事始终困扰着艾森豪威尔。

1992年，老布什的顾问纷纷催促他罢免副总统丹·奎尔（Dan Quayle）。大家都认为奎尔是一个累赘，然而老布什始终对其表示支持。他的支持者也许不太喜欢他的选择，但他们都不情愿地承认，老布什总统对奎尔的支持显露出他人格中的忠诚。

忠诚需要警醒与勇气。亚伯拉罕·林肯说："当一个领袖正确的时候，追随他；当他保持正确的时候，继续追随他；但当他错了的时候，就要离开他。"悲哀的是，在今日的政局中这样的情况并不多见。当我们的个人价值与上司和领袖的无法调和时，就需要及时与其切断联系，以免无法再忠于真实的自己。

09

勇于承认错误：展现责任心，再次证明自己

TREATING

The Extraordinary Power

PEOPLE

of Civility

WELL

at Work and in Life

只要做对的事情，
就永远都是好时机。

The time is always right
to do the right thing.

—

小马丁·路德·金
Martin Luther King Jr.

1987 年，里根总统在一次面向全美国人民的椭圆形办公室演说中，就“伊朗门”事件做出了不同寻常的声明。

里根政府就释放在伊朗的美国人质问题进行交涉时，秘密地向伊朗出售军火，而当时军火属于禁运物资，政府的意图是用出售的款项武装尼加拉瓜反政府军。里根为其政府参与这一国际事件肩负起了责任，坦诚地表明他犯了一个错误。

这是一个不同寻常的时刻，毕竟总统很少如此彻底地道歉——一般道歉至少要留到写回忆录的时候。但罗纳德·里根的态度与许多最前卫的创新者不谋而合。史蒂夫·乔布斯有过一句名言：“拥抱所有的失败。勇于承担，从中学习，并且负起责任，保证下一次事情将有所不同。”

我们为什么总是要努力避免出错？我们恐惧错

误，夜不能寐，思考如何才能避免犯错。我们总是会设想最糟糕的情况：在学校挂科太多，期末成绩会受到影响；成绩不好，就找不到好工作；在工作中犯下太多错误，职业道路上的选择就会变得狭窄。这种只有恐惧的思考方式没有任何帮助，但我们都知道这有时很难避免。

让我们暂且将想象中的失败放到一边。当你真的走错一步时，事情又会如何呢？我们知道，很少有比承认错误更困难的事情了。责怪他人或者希望错误小到能够不被注意到，总是要简单得多。然而，当你不得不纠正工作上的错误，或者需要修复受到损害的友谊，真诚地表达懊悔之情极其重要。能够意识到自己犯了错，并且采取大胆的行动去弥补，需要许多我们讨论过的情商方面的要素：自信、勇气、共情，以及愿意将自己脆弱的一面暴露于人前。做错事的感觉当然不好，但袖手旁观的感觉更糟，这会让其他人认为我们不知道自己犯了错，或者完全不在乎自己犯了错且不愿意弥补。

万一犯了错需要补救，有 4 个关键因素需要注意：给自己失败的空间、真诚而及时地道歉、做出补偿、及时放手。你可以试着将犯错看作证明自己的机会。

给自己失败的空间

人难免会犯错，但在日常生活中，害怕失败的情绪限制了我们的许多选择。你是否曾经在一次派对上不敢向一名重要人物做自我介绍？你担心对方可能会认为你太冒失或者喜欢自吹自擂。你是否曾经因为害怕犯错误而极力克制自己，从而没能为职场上的某个问题提出解决方案？我们的全部精神都集中在可能发生的坏事上，这反而限制了可能会出现的好结果，也限制住了我们自己。

社交秘书的工作风险和透明度都很高，我们往往集中于避免出现负面问题，而非争取正面的结果。我们总想千万不能把事情搞砸，而不是想这件事情我们会完成得很好。随着时间的流逝，我们认识到，这种作茧自缚式的消极心态会让我们分心，无法集中精力完成工作。

如果你一直生活在对失败的恐惧中，就相当于降低了调整能力。想一想可能会出现的最糟结果是什么，如果很荒唐的话就不要再想了。如果这种结果真的很可能发生，你应该集中思考避免这种情况发生的具体步骤。将事情拆分为更易于管理的多个部分，不要害怕请求他人的帮助，让事情回到正轨。你可能不愿意麻烦别人，但通常这比独自面对失败要好得多。

杰里米

很多年前，我在美国政府事务的岗位上工作了9年之后，离开去创业，开办了一家政治筹款和顾问公司，那时我的心中充满了不安。如果我犯下一个巨大的错误，把公司拖垮了怎么办？更让我感到不安的是，很多朋友都会问我："你为什么要离开这么好的工作呢？"甚至我母亲也质疑这个决定。但我知道，我已经到了需要改变的时候，等待只会让离开变得更加艰难。所谓离职的"完美时机"基本上纯属虚构。我不得不将对失败的恐惧转化为更有建设性的思维方式，告诉自己虽然马上要进入一个完全不同的领域，但我已经准备好了，将要开启激动人心的全新旅程。幸好，尽管有一些跌宕起伏，我的公司还是获得了成功。最初的项目之一就是2007年初的奥巴马总统竞选，这自然为我带来了前所未有的机遇。

利娅

要把所有事情都做好或整理好的冲动很难克服，但这是我的做事方式。我在白宫工作不久后就意识到，这种做法只会拖累自己。

有一次，小布什夫人让我邀请他们夫妇婚宴上的所有客人到总统官邸，参加他们的结婚周年庆祝会。我从她的私人助手处拿到名单后，开始给宾客打电话。大部分客人都来自得克萨斯州，我想尽量为他们多留点儿时间安排行程。寻找其中一对夫妇的电话时，我使用了“亲朋好友数据库”，在这里就叫他们琼斯夫妇吧。我与琼斯先生交谈，他表示很高兴来参加。然而，当我把收到的回应列表发送给小布什夫人的助手时，她给我回了电话，说：“你邀请的那个琼斯先生是错的！你应该邀请他的弟弟，他弟弟才是参加过布什夫妇婚宴的人。”两兄弟一个叫克里斯，一个叫尼克。于是，我给克里斯·琼斯（Chris Jones）回了个电话，温和地解释了我的错误。琼斯先生说他完全理解，但既然他和他的妻子收到了邀请，就一定会去白宫参加庆祝会。

现在我把事情完全搞砸了。当然，那个人说得没错：受邀前往白宫可不是儿戏，不应该说取消就取消。我去找小布什夫人，告诉她发生的事情，并请求她的原谅。她以一种好笑的眼神看着我，耸了耸肩，说：“那就把两兄弟都请来呀。”小布什夫人似乎惊讶于我没有想到这一点。我感觉自己有点儿傻，但开始意识到我对犯错误的恐惧有些小题大做，与真实的后果并不相符。

真诚而及时地道歉

当你说错了话或者做错了事，最好立刻承认错误。过失被隐藏得越久，就可能发酵得越严重，而一个人等待道歉的时间越长，也就越难接受你的道歉。当你意识到自己的过错时，应该立刻表达悔意，并具体说明自己所做的事。如果你不确定错误是否值得一提，那就记住，立刻说“对不起”总比不说要好。不过不要太过火，事无巨细地一一道歉会减弱道歉的力度。

真诚的道歉不仅能安抚接受歉意的一方，而且能让致歉者心安。不过，不要强求他人的原谅。一个人很难立刻就原谅越界行为，甚至你可能需要等一段时间，再次表达歉意，才能使对方的怨恨不致滋长。

杰里米

2011 年 10 月的一个傍晚，我的朋友塔米·哈达德（Tammy Haddad）邀请我到杰弗森酒店参加一次小型聚会，她是一家媒体顾问公司的创办人。当时我在乔治城和朋友一起吃饭，塔米让我把他们也带过来。我们走到典雅的私人茶室，看到了一些其他宾客，包括英国前首相戈登·布朗（Gordon Brown）和他的夫人萨拉。幸好，新闻记者没有捕捉到我的朋友比尔·哈金斯（Bill Huggins）和戈登·布朗的对话。当时布朗正在开一个关于政治局势的玩笑，比尔说道：“你知道怎么分辨政客有没有说谎吗？”比尔还没来得及抖包袱，布朗就打断了他，说：“他们只要在说话，就是在说谎。”布朗又问比尔是否想再来一杯，然后就走开了。

我惊讶地看着比尔，说：“我真不敢相信，你竟然要讲那个笑话。”比尔很困惑，我告诉他刚才那人是英国前首相，在前一年刚以不太常见的方式卸任了。比尔之前完全不知道这件事。布朗拿着酒杯回来时，比尔立刻向他道歉。布朗笑了，拍拍比尔的背，展现出宽宏大量的风度。

利娅

我同样明白在犯错之后果断采取行动的重要性。很多年以前，韦恩和我接受百事公司的邀请搭乘私人飞机。这对我来说是初次体验，因此我十分兴奋。空乘问我要喝什么，我脱口而出："可口可乐。"空乘的脸一下子就白了，说道："女士，我们只有百事公司的产品。"我看着他，又怯生生地说："那我就喝水吧。"他点点头走开了。这时候我恨不得钻到地缝里去，这简直是对人家的双重失礼。不过，我没有一直瑟缩在自己的座位上，而是到走廊去向空乘道歉。这件事最终没有带来任何麻烦，但始终提醒着我，在说话之前要三思。

经过大量练习，我们都学会了一些技巧，让我们能够清晰而真诚地向他人表达歉意：

避免拐弯抹角。要有悔改之意，道歉才能顺利。除此之外还有一点要求，本杰明·富兰克林说："永远不要用借口毁掉道歉。"你应该以一种毫无保留的方式表达悔意，不要试图解释自己的行为。

不可操之过急。身体语言和环境都十分重要。要找到一个不会被打扰的安静地点，不要急匆匆地赶忙道歉。否则你会看上去很不自在，或者显得口不对心，这样会更糟。看着对方的眼睛，放松脸部肌肉，让双手自然垂下，而非以防御的姿态交叉双臂。

措辞很重要。一开口就说"我希望这件事没有发生"算不上是道歉。同样，说"听着，如果你……那么我很抱歉"也无法让你道歉成功。中间的内容无关紧要，只要你做假设，就相当于将责任转嫁到了对方身上，而你才应该是承担这份责任的人。

做出补偿

有时候，仅有悔改之意是不够的。如果你搞砸了一件事情，第一步是上前承担责任，然后尽快想办法做出弥补。在我们的经验中，只要你踏实去做，大部分职场上的混乱局面都可以挽回。如果你因为低估了所需时间而导致无法准备好一次大型演示中所需要的图片，就应该主动表示自己愿意熬夜完成任务。

利娅

小布什总统常常邀请其他国家的领导人到他在得克萨斯州克劳福德的农场做客。事实上，一名外交官曾经告诉我，受邀到克劳福德比受邀访问白宫更令人羡慕，因为这意味着被邀请的人与总统有一定程度的私交。我的工作包括为这些访客确定菜单、安排花艺和桌布，以及安排糕点师制作招牌曲奇饼。

这些精美的曲奇饼是白宫的特色，并在某种意义上成了传奇。当以色列前总理阿里埃勒·沙龙（Ariel Sharon）被安排在次日抵达农场时，我接到了白宫糕点师惊慌的来电。曲奇饼还在厨房的柜子上，但小布什总统已经出发了！我开始给不同的人打电话，希望还有人要前往得克萨斯州。最终我发现有一架补给飞机计划当晚出发去那里，于是一个管家将曲奇饼带到了飞机上，而我则确保有人在克劳福德等他。是谁的错不重要，错误得到了纠正才是最重要的。

有一次，在为迎接墨西哥前总统卡洛斯·萨利纳斯·德戈塔里（Carlos Salinas de Gortari）而举办的国宴上，老布什夫妇的社交秘书劳丽·费尔斯通（Laurie Firestone）惊恐地发现甜点盘上有一栋小型的杏仁饼房子，还有一个糖做的墨西哥工人正靠在房子上打瞌睡。她无法相信自己的眼睛：这正是墨西哥总统尽其毕生努力要抹去的墨西哥人的刻板印象。劳丽走到端着碟子的管家面前，将睡觉的小人拿走，换上了一朵花。她以迅捷的行动避免了一道点心可能引发的外交危机。

杰里米

刚开始在白宫工作时，我受邀参加一次正式晚宴，请了一位朋友与我结伴前往。我们在餐桌边相邻而坐，当时我没想太多。可是在晚宴途中，女主人走过来对我说餐桌上的姓名卡片被动过了，我坐在了错误的位置上。我道歉之后问她是否有我能做的事，但她没有说。我看看我的朋友，他耸了耸肩，当晚就这样继续了下去，我以为这件事就到此为止了。

在接下来的几周里，我从包括前任社交秘书在内的许多人那里听说，我惹恼了女主人，她认为是我换了卡片。我把这个情况告诉了我朋友，他才承认是他把卡片换了，原以为问题不大。于是我联系了女主人，邀请她吃午饭，并就我的错误致歉。我没有告诉她实际上换卡片的是我的朋友，毕竟这时候表达懊悔和承诺不会再发生这样的事情更重要。后来我成了她家的常客。我在白宫工作期间，我们两个人始终是好朋友。

下面是一些纠正错误、做出补偿的基本做法：

不要责怪他人。这只会浪费宝贵的时间和能量，而且会让你显得很没有团队精神。接受你在正在发生的事情中所扮演的角色吧。

找到纠正的方式。写下一系列解决方案，选择其中一个，立刻行动。

请求帮助。许多人太过于骄傲，或者将求助看作示弱。但请求和接受帮助实际上是强大内心的体现，也是与人建立信任关系和达成共同目标的好办法。

参与支援。当你发现一个错误，即便不是你犯的错，也要利用全部机会去改正它，将这看作为团队做贡献的方式。别人会注意到你，也会感谢你的支援。

利娅

我刚进入白宫时，曾犯过一个错误，这个错误原本可能会造成极其严重的后果。幸好，我承认了错误并请求同事帮助，在大家的共同努力下渡过了难关。

事情的开端是我想到了一个绝妙的主意：如果将年度国会野餐和一场《白宫演出》公共广播电视特别篇合并在一起，岂不是一石二鸟吗？我的无知几乎让两场活动都遭到失败。国会野餐是一年中白宫最大的活动之一，有近 1200 人聚集在南草坪上。况且这一年还设立了旋转木马，大量的烤肉、各种各样的派和冰激凌几乎要把桌子压垮。

《白宫演出》这个节目可以让电视观众也能观看白宫的顶级娱乐表演。一方面我们的野餐活动需要表演者，另一方面我们也在准备和美国公共电视台合作这个节目，为此还邀请了百老汇的表演者以美洲大陆为主题表演。乍看上去，将这次表演安排为白宫野餐的表演十分符合逻辑。

我当时还没经历过国会野餐，也不清楚我们每年都要倾尽所有的资源才能办好这个活动。厨师要经过多日准备，场地工作人员需要提前一星期安装食物帐篷和 100 张野餐桌，特勤局必须检查从旋转木马操作员到帐篷工作人员所有人的背景。我接触到活动细节后，立刻惊慌地意识到，让这两个活动合并无异于自取灭亡。

我去找大管家加里·沃尔特斯，承认自己犯下了极大的错误——现在我们必须为国会野餐和美国公共电视台的节目同时做准备了。我让他为我做决定，请求他帮助我，让事情能够顺利完成。同时我也很清楚，这个要求对他和其他工作人员并不公平。我发誓再也不会这么做了。加里很和善，也很理解我，他告诉所有工作人员这是最后一次。我们从当地的餐饮业雇了一大批工作人员，将一部分准备食物的工作外包了出去。场地工作人员几乎 24 小时连轴转，以准备好两个活动的场地。幸好，一切都顺利完成了。

野餐结束后的深夜，我开车回家，收音机开始播放指针姐妹（Pointer Sisters）的歌曲《跳！》，这让我想起电影《真爱至上》里，休·格兰特（Huge Grant）扮演的英国首相独自舞蹈，庆贺自己在工作上初次取得重大成功。我摇下车窗，大声跟唱，这是我一生中头一次感到这么放心，这么满怀感恩之情。那个星期，是白宫的同事们拯救我于水火之中。我一意识到错误就立刻承认，主动承担责任，并请求他人的帮助，因此我们能共同面对这个原本可能是灾难的夜晚。真相是，只要我们别太趾高气扬，人们通常都会愿意伸出援手。

及时放手

原谅他人有一种解放感。当你能够原谅一个曾经辜负过你的人的时候，对方就再也无法支配你了。原谅一个人，但不原谅他做的事，这是我们能够做到的事情。心怀怨恨会加剧你被辜负的感觉，并让你不断重复这一感觉。在遭受不公和心怀怨恨时能放手，而不是任由它折磨自己，心情就会好多了。

领袖人物不害怕犯错，而且接受别人为自己纠错，并从错误中学习。他们会请求他人的原谅，也会原谅他人。你也应该这么做，不要在自己的错误中止步不前。给自己一点儿时间，然后提醒自己，你已经尽力了，无须过分愧疚，继续走下去吧。不停地纠结同一个问题，只会让它不断延续下去。

利娅

对一个带孩子的家庭主妇来说，华盛顿不是一个好的居所，这就是我 30 多岁时的情况。华盛顿是一个充满了野心勃勃的实干家的城市，在这儿的许多圈子里，一个女人选择当全职妈妈不会受到特别的尊重。我开始恐惧参加鸡尾酒派对，在那里无法避免的第一个问题总是"你在哪个行业工作"。顺带一提，以这句话作为开场白并不礼貌。这句话显得你是在以对方职业的重要性，来评估自己能从对话中获得多少价值。有一次，我告诉一个问我这个问题的女人，说我在家带孩子，她什么也没说，转身就走了。大部分人的冷漠没有这么明显，但言外之意是显而易见的，这打击了我的自信心。

后来，我能够越来越自如地做出人生选择，就不再那么在乎别人怎么想了，也会去原谅他们的冒犯。人们很少会为冒犯性的言语而道歉，因为他们通常意识不到自己冒犯了对方。我们最好把人往好处想，这一切在生活中是无足轻重的，认识到这一点是多么令人豁然开朗啊！

记住，无论我们多么小心地避免失误，仍然会有无法预见的情况。如果你无法得到别的东西，至少可能留下一个将来可以讲述的故事。

1983 年，英国女王乘坐皇家游艇前往加州访问的计划被大雨和泥石流阻断了，万众期待的女王前往里根总统南加州农场的访问变得十分困难。由于天气原因，皇家游艇不得不停靠在旧金山。加尔·霍奇斯·伯特当时是国务院的礼仪官员，后来成了白宫社交秘书。她当机立断，在几个小时内就安排好女王在维克商人餐厅用晚餐，这是一家享有盛名并深受人们喜爱的波利尼西亚餐厅。

女王与菲利普亲王抵达维克商人餐厅后，加尔礼貌地与他们寒暄，询问二位在伦敦有没有最喜欢的餐厅。菲利普亲王回答道，自从他们的儿子查尔斯受洗以来近 40 年内，他们都没有在餐厅用过餐。此时加尔不安地发现，他们安排的用餐地点也许不太妥当。更糟糕的是，晚餐结束后，人们传递着幸运曲奇，晚餐上的宾客轮流大声地朗读纸条上写的字。当时的白宫社交秘书马弗·布兰登还记得，女王读完自己的纸条之后转向她的丈夫，问："菲利普，你的纸条上写着什么？"亲王打开纸条，犹豫了一下，然后念道："你会与一个十分富有的人结婚。"四周鸦雀无声。这不是加尔和马弗想象中的夜晚，但幸好在接下来的时间里没有再节外生枝。

这并非英国女王第一次在美国遭遇类似的情况。在更早些时候，她为祝贺美国建国 200 年来访。在国宴上，福特总统邀请女王跳一支舞，以示对她的敬意。令当时的社交秘书玛丽亚·唐斯（Maria Downs）大吃一惊的是，当总统陪同女王走上舞池时，海军乐队开始演奏《假面淑女》（*The Lady Is a Tramp*）[①]。过了一段时间，玛丽亚问总统是否意识到自己和女王跳舞时乐队演奏了什么曲子。

"我知道啊。"他说。

① 这是一首音乐剧歌曲，讽刺了上流社会的繁文缛节。——译者注

“那您认为女王知道吗？”

“噢，”他说，“知道吧。”

犯错误是每个人一生中难以避免的事情。你越是能自在地面对，就越能表现出你的人格魅力。

10

微笑：对付难以相处之人的绝对法宝

TREATING
The Extraordinary Power
PEOPLE
of Civility
WELL
at Work and in Life

只要你自己不觉得，
就没有人能让你感觉低人一等。

No one can make you
feel inferior without
your consent.

—

埃莉诺·罗斯福
Eleanor Roosevelt

我们非常希望你能跳过这一章，因为这就意味着你在人际交往中没有遇到过麻烦。我们很愿意假设大部分人都像我们一样，总希望能尽量平和地度过每一天。真正难以相处的人其实很少，但他们总是显得很重要，因为他们糟糕的行为举止会造成很多难以想象的后果。一个麻烦人物只要走进房间，就能改变其中的气氛，影响他人的情绪，带来不快的感觉。但只要你有大局观，能够转移目标，同时又有耐心，并且清楚自己的价值，就能控制麻烦人物。

与难以相处的人相处需要一种特殊的敏锐感。我们在他们身边总是一直需要小心翼翼，仿佛担心唤醒沉睡的巨人一般。这种恐惧正是缺乏安全感且极富攻击性的人所依赖的，他们借助它来对我们施加影响。在这本书中，我们一直都在用生活和职业生涯中遇到的例子来说明我们的论点，但如果我们公开这些难以相处之人的姓名和身份，将有悖于这本书“善待他人”的主旨。我们在本书中最希望读者能学到的一点是，让自己超脱于琐碎、粗鄙或者威胁性的言行，体现出你所拥有的力量与诚实。本章中所说的一些故事的细节可能经过了修改，以保护那些犯下错误的人，但我们还是提供了许多关于如何对付难以相处之人的建议。

部分白宫工作人员罹患了“白宫症候群”，症状包括对自己的权力有不清醒的认识，对职位在自己之下的人持蔑视态度，以及时刻都想着向上爬等。这也许是其他工作场所中难以相处之人的特性。这些人包括会背后“插刀”的小人、自大狂、嫉妒狂和爱嚼舌根的人。他们并不是非得损人利己不可，只是喜欢冲突带来的戏剧性，享受高人一等的快感。

研究者发现，公司为其中的“老鼠屎”付出了非常大的代价。一项关于公用事业雇员的研究，证实了许多人经验中的事实：人们离开的不是公司，而是管理者。考虑到 46% 的新雇员留在公司的时间不会超过 18 个月，离开的人当中有 89% 都是因为不喜欢办公室文化，这样事情就很明显了——糟糕的上司或者难以相处的同事会令士气极大地受挫。

在应该善待的人员名单上，放在第一位的应该永远是你自己。不要忍受别人糟糕的态度，想办法去控制它吧。我们找到了 5 种不同的策略，能帮助你与难以相处的人相处：无视、寻找幽默、掌控事情的走向、控制情感投入，以及当情况需要时果断发声。

无视

我们都认识一些喜欢搅局的人。总会有这种类型的同事，喜欢对不在房间里的人开粗鄙不堪的玩笑，或者说冒犯性的笑话故意激怒你。你越对这种人倾注注意力，他们就越兴奋，因此最佳的做法就是不理他们。这种做法就像一张湿毛毯，能把负面能量的火焰扑灭。

当有人在公共场合做出不良举止时，如售货员不停地要求顾客试吃不同口味的冰激凌，或者某个司机见缝插针地钻进别人正打算停的车位，最好的办法就是不让自己受到影响。将这类行为想象成类似于感冒一样的东西吧，它能在一瞬间影响你，让你变得消沉。尽量不理那些会招惹麻烦的人，将他们当作收音机中偶尔听到的杂音，保住自己内心的平静。

在一次白宫复活节滚彩蛋活动中，劳拉·布什的媒体秘书在进行《今日秀》的采访直播，谈论当天早晨宾客会在南草坪上看到些什么。就在这时，一个穿着“好奇猴乔治”玩偶装的人出现在她背后，开始做一些下流的手势。摄影师将镜头切为特写，穿着玩偶装的少年被带走了。媒体秘书知道这个事件虽然糟糕透顶，但并没有造成实质性影响，因而她再次出镜时依然保持冷静，让采访能够继续下去。采访结束后，她看起来似乎十分需要喝一杯，但她最终还是振作起来，继续完成了接下来的其他采访。她可真了不起！

寻找幽默

你可以试着找到闹剧中蕴含的幽默意味，即使是黑色幽默也好。有一次，一位特别吹毛求疵的女歌手受邀到白宫演唱，她发了一通脾气，威胁要取消演出，并且在最后一刻才到场，而我们不得不始终保持高度礼貌。在与她打过交道的白宫工作人员当中，“想让她滚到各种各样的地方”成了一个大家口口相传的玩笑。这很轻松，也带来了一种有难同当的心情。我们都知道，只要几个小时事情就会结束，这一切并不重要。而这种玩笑为我们带来了一种集体感，让我们能够正确地看待她的行为。我们并不会感到有特别沉重的压力，只觉得这很好笑而已。

利娅

华盛顿有个外号叫“沼泽”。这里实在是一个很小的地方，有时会不可避免地碰上令人不快的人物。我学会以幽默感应对侮辱性的言辞，从而让对方感到继续下去也没有任何意义；或者平平淡淡地做出回应，让骂人的人抓不到把柄。我认识的一位女性常常故意对我说：“我在哪儿都见不到你！”这句话在华盛顿的意思是：“你一定收不到任何上流宴会的邀请了！”我总是以同样的话回敬她：“我也见不到你呀，可真让人失望！”让话语绵里藏针又轻松愉悦，但千万不要让自己受到伤害。

掌控事情的走向

时不时会出现一些人，让我们无法忽视他们的行为。每届政府的白宫社交办公室都善于掌控情势，控制吹毛求疵、难于取悦的人，尤其是在与名人打交道的时候，这是我们工作的一部分。大多数来到白宫的表演者都不理解，这里不是剧场。最适合白宫的表演是不插电演出，舞台上只有表演者、聚光灯和乐器。白宫能容纳舞台的大厅只有两个，没有排练室，食物是白宫厨房中现成的。

当接到表演者团队列出的长长的要求清单或名人必须要吃的 6 道无麸质素食菜谱时，我们有时也会翻几个白眼。然后，我们会保持微笑，尽可能地满足他们。有时我们会带表演者参观白宫，到大多数人看不到的地方去，如1812年英国人放火焚烧白宫时在地基上留下的痕迹，或者理查德·尼克松在地下室里建的保龄球道。最受欢迎的莫过于总统和第一夫人的宠物了。每次我们让那些不悦的大人物到南草坪与狗狗嬉戏，他们就会忘掉所有不快。

总会有难以相处的人进入我们的生活，然后离开，也有些人我们不得不每天与之打交道。如果你无法离开蛮不讲理的上司，就试着去找到他蛮不讲理背后的动机，并尽量减轻自己所受到的影响。如果上司在自己犯错时喜欢迁怒于人，就用电子邮件与他沟通，白纸黑字地留下他所做出的决定，并用邮件再次确认他的口头指示。这的确会耗费很多时间，但都是为了自保。如果上司是一个吹毛求疵的管理者，那在他明示之前就预先想到他可能会需要的东西。如果上司脾气很急躁，那就记清楚他的压力起伏规律，以避免在不合宜的时机进行敏感的对话。不要让别人的坏脾气和不专业影响你自己的工作表现。与人相处时，按照你希望上司的做法来约束自己。

利娅

我曾经有一个咄咄逼人的上司，他吹毛求疵的作风让所有在他手下工作的人都精疲力竭、噤若寒蝉。而当他自己的上级在场时，他立刻表现出另一重人格，摆出一副和蔼可亲的面孔。一旦上级离开，他又成了怒气冲冲的自大狂，脾气一点就炸。这里的人员流动率高得出奇，每6个月他就得换一个私人助理。我们总是忧伤地看着这些年轻人离去，他们眼神空洞、灰心丧气。

最糟糕的是，能让我们向上汇报的制度根本不存在。办公室的氛围中充满了绝望。我不得不在规定的时间内留在那里，因此我唯一的办法就是尽可能地忽略他。这个上司不断否决我的活动提案，于是我每次活动之前都要先告诉他，这次活动一定要他参加，因为我知道他渴望成为人们注目的焦点。幸好，他不想为细节操心。他只要出现，领功，就完事儿了。我唯一关心的是活动能不能顺利进行，我发现这个策略行之有效，就继续用了下去。

有时你能以一种不张扬的方式去寻找地位更高的人的帮助。尼克松任内 6 年间的社交秘书露西・布雷西特是一位精力充沛的小个子女性。她发现自己不得不与一个后来因为行为举止轻率而出名的人打交道——尼克松的幕僚长 H. R. 霍尔德曼（H. R. Haldeman）。霍尔德曼想方设法要剥夺长时间以来一直为尼克松服务的助手的权力，通过重新组织白宫幕僚结构来获取更大的权力和影响力，从而更好地掌控一切。他的安排大体上沿用至今。肯尼迪总统和约翰逊总统都没有幕僚长，在他们管理下的白宫如车轮一般运转，以总统为轴心，直接下属的助手为轮圈。而霍尔德曼则要求其他助手必须先经过他，才能向总统汇报。

霍尔德曼开始干涉活动规划。他擅自决定国宴可以在华盛顿之外的地方召开，于是不顾露西的反对，安排墨西哥总统在圣地亚哥参加国宴。露西知道这样的安排会带来极大的麻烦，而霍尔德曼的回击是圣地亚哥的国宴准备不需要露西参与。然而随着计划的推进，他不得不在最后时刻打电话给露西，要求她留出当晚的时间。已经无计可施的露西去找尼克松夫人，希望能在霍尔德曼的问题上得到协助。第一夫人直接与霍尔德曼和总统对峙，要求他们不再插手白宫活动的规划。从那之后，霍尔德曼的干涉变少了，不过仍未完全停止。

还有一个有效的策略是设立规则，限制这些麻烦人物可能会做出的糟糕举动。可靠的工作规则能缩小他们的空间。

如果共事者的行为给你带来了困扰，而你无法改变或管控他的行为，那也许你就需要和他来一次困难的对话了，这无疑是需要勇气的。但到头来，直截了当的方式是通往解决问题最直接的路径。你只需要保持亲切、直率，以不带感情色彩的方式措辞就好了。正如前议员丹尼尔·帕特里克·莫伊尼汉（Daniel Patrick Moynihan）曾说过的："我们都有权保留意见，但不能捏造事实。"建立实话实说的形象，尽可能让工作环境对所有人都有利。

杰里米

在我之前担任社交秘书的朱莉安娜·斯穆特常常需要处理白宫的突发状况。2010 年 6 月，美国公共电视台在为《白宫演出》安装布景。这次节目是为了向获得美国国会图书馆格什温流行歌曲大奖的保罗·麦卡特尼（Paul McCartney）致敬。活动之前，麦卡特尼方的代表要求在彩排和表演期间准许佩带武器的保镖进入白宫。特勤局拒绝了这一请求，引述了除特勤局之外任何佩带武器者不得进入白宫的规定。

请求被驳回后，麦卡特尼方的人仍然不依不饶地将保镖的姓名加入制作人员清单中，上交给特勤局，并希望保镖能悄悄地混进去。特勤局对此感到非常不悦，再次拒绝了此人进入。

于是，麦卡特尼的团队向演出的执行制作人卡皮·麦加尔（Cappy McGarr）暗示，保罗本人将拒绝前来演出。麦加尔很快给朱莉安娜·斯穆特打了个电话，说："除非情况紧急，我从来不会直接打给你，但现在我们面临的就是紧急情况。"

斯穆特联系了后来成为特勤局局长的约瑟夫·克兰西（Joseph

Clancy)，询问他是否能够提供帮助。他们谈过此事后，克兰西说如果保镖答应不带武器，就会考虑允许他作为总统与第一夫人的宾客进入大楼。麦卡特尼的团队同意了，那天夜晚终于一切顺利。朱莉安娜没有去正面对抗，而是以委婉的方式掌控了这一状况。

控制情感投入

当我们尽了一切努力仍无法与难以相处的人好好相处，也没有人能帮助我们时，这种山穷水尽的时候就是我们最脆弱的时候。这些极其困难的情况要求我们采取最强硬的手段。如果没有办法忽视或者控制油盐不进的人，又必须每天与他相处，那么在情感上与其保持距离就不失为一种办法。如果你的上司每天在同事面前朝你怒吼，指责你无能又懒惰，你就别理他，因为沉默和不置可否的表情会让一个人无法获得足够的燃料去维持怒火。

尽量保持心情平静、精力集中，超脱于这个人所带来的喧嚣和尖刻。要控制情感的投入，尽量有意识平稳地深呼吸，注意自己身体的反应。

你要知道，这个棘手的人物一定是感觉自己受到了威胁，才会有这种反应。想想在其他人眼里他是什么样子的：他也许看起来占了上风，但爆发总有结束的时候。你可以表示你已经听到了他说的话，让他慷慨激昂的演说“打到棉花上”。“请您小声些”是一种强硬但仍给予了对方尊重的回应。无论你多么想离开房间，也不要这样做，等对话结束之后再走，否则你下次还会与这个人上演尴尬的一幕。

很少有人能忍受被轻视的感觉，但只要你在情感上与对方保持距离，拒绝将自己拉到与对方同一水平上，就能划出自己的安全区。将自己比作一个无法被攻克的堡垒，只要你不冲出去，自己就不会陷落。你不能改变别人的行为，却能控制自己的回应。

一天的工作结束之后，回到家中，就忘记这一切！在属于自己的时间里还要不停地回忆所有不快的对话和恶心的表情，只会让自己更难受。不要让难以相处的人对你产生这么大的影响。去做做运动，和能让你开心的友人吃晚餐，看一场喜欢的电影，只要能让你将这些烦恼抛在脑后，就是最好的方式。不要让它不停地发酵，也不要和伴侣谈论这些事，这会影响对方的心情。在这时，大局观是非常必要的：工作只是你生活的一部分，但不是全部。

当情况需要时果断发声

虽然我们推崇一种超然物外的精神，但如果你认为这一定能做到就太天真了。有时候你不得不表明立场，不只是为了纠正不公，也是为了维持自己的尊严。

杰里米

2012 年 12 月，一场为忠实的支持者举办的晚宴成了对我的考验。晚宴步入尾声的时候，奥巴马总统从桌边站起，开始逐一感谢每个人。他与宾客交谈时，把我叫到一张桌旁。我怎么也想不到总统问的问题是关于犹太教灯台中的蜡烛。“这些蜡烛符合犹太教教规吗？”他问。其中一位宾客直接对总统说，她认为并不符合。如果这是真的，就对某些宾客构成了极大的冒犯。

我的心开始狂跳，但仍保持着表面上的镇定，没有让脸上僵硬的微笑消失。我回应道，我们一定会确保这些蜡烛符合教规，而且我认为公共办公室的犹太分支主管贾罗德·伯恩斯坦（Jarrod Bernstein）不会忽视这个细节。

奥巴马总统自然十分担忧，我也一样。然后贾罗德向我保证，这些蜡烛确实符合教规。我在将信息传达给总统之前，先告知了那位客人。她的回应令我惊讶，她说其实她并非真的认为这些蜡烛不合教规，只是认为这是一个展开对话的好话题。我礼貌地告诉这位客人，她希望与总统对话的意愿给我们带来了不必要的困扰，希望她以后能在讨论这类有争议的问题前三思。

利娅

有时我们必须及时开口，才能摆脱可能出现的窘境。在 2004 年总统竞选期间，林赛·雷诺兹被安排为劳拉·布什组织一次竞选宣传活动，地点在一个重要筹款人位于美国南部的房子里。房子的主人认为，起居室的大理石壁炉前是与小布什夫人合影的理想场所，但壁炉上方挂着一幅女主人躺在熊皮毯上的全裸画像。各位宾客和第一夫人的头都正好在这幅画像的下方。要求移除这幅画可能会冒犯主人，但在支持者的房间举办政治活动的原则是尽可能地保持家常风格。林赛飞快地思考后告诉主人，新的竞选政策要求所有照片都必须以蓝色幕布为背景，于是对方没有再争辩。就这样，她找到了不让主人或者客人难堪的另一种方式，为所有人避免了尴尬，也没有留下荒唐的合影。

作为我们上司的两位第一夫人，都曾遭受过来自四面八方的批评。她们运用了所有可能的策略：无视、寻找幽默、掌控事情的走向、控制情感投入，以及当情况需要时果断发声。没有人愿意成为恶意的中心，然而这两名女性都学会了忍耐和超脱。“对手的手段越是下三烂，我们就越要保持高洁”（When they go low, we go high），这是2016年竞选中米歇尔·奥巴马的名言。她们两人多年以来都同样践行着这一原则，这需要力量和大局观。而我们这些在她们身边工作的人，也从她们树立的榜样中获益匪浅。

奥巴马任期结束时，米歇尔在一次与奥普拉·温弗里的访谈中说：“我们每天都会遭受来自四面八方的攻击。敌人是如此狡猾，只要稍不留意，你的心就会被撕得粉碎……一定要学会对他们一笑置之。”劳拉·布什在2014年说，因为她见过老布什总统和夫人芭芭拉如何忍受嘲笑，所以知道自己将面临什么。“但这仍然令人痛苦。任何处于高位的人都知道，你一定会受到批评，会成为别人攻击的靶子。”这两名女性都没有任由那些常常来自暗处的仇恨来定义自己。

当与难以相处的人相处或者处在困境中时，我们要有耐心、决心和克制力。尽管这本书的目标是鼓励人们培养良好的人际关系，但我们也知道有时候这不可能做到。正因为如此，尽量去驾驭那无法驾驭之物，才显得如此重要。

最后，我们想总结一下这些难以相处之人真正的共同特点：他们寻衅滋事，针对的其实并不是你，而是他们自己。记住这一点能让你在看待这些人时更有同情心。无论遭受什么都坚持以沉着的态度应对，能体现出你的良好品格和正直秉性。

11

网络社交礼仪：在智能世界中保持高效沟通的必要技能

TREATING

The Extraordinary Power

PEOPLE

of Civility

WELL

at Work and in Life

对所有人有礼，对多数人友好，
与少数人亲近，结交一个知己，
不与人为敌。

Be civil to all, sociable to many,
familiar with few, friend to one,
enemy to none.

—

本杰明·富兰克林
Benjamin Franklin

从2004年利娅进入白宫到2015年杰里米离开，这11年间，科技与社交媒体的进步改变了我们的工作方式。在小布什总统任内，请柬和邀约必须通过邮递，回复则要靠电话完成，我们与白宫中任何人交流都必须打电话或者面对面沟通。大部分宾客都有黑莓手机，但视频电话并不普及。只有大学生才有 Facebook 账号，Twitter 还默默无闻，没有 Instagram，更没有 Snapchat。在那时，社交媒体还未变成新闻来源和政治工具。

让我们快进到奥巴马总统的时代：请柬和邀约都已经网络化，书法家负责将请柬制作成可附在电子邮件中寄出的 PDF 文件，实体请柬则仍然通过邮递或直接派发给被邀请者留作纪念。来到白宫的人，人手一部智能手机。对于各位宾客而言，记录下这次白宫之行，差不多跟来到这儿具有同样重要的意义。

当然了，如果没有科技的进步，我们两个人也都不可能在社交办公室高效地办公。当我们希望邀请表演嘉宾到白宫表演时，我们会在他们的网站上找到正确的联系方式，然后只需数分钟就能联系到他们的经纪人。当知道重要访客就要到来时，我们会在网上搜他们的照片，以便在遇到他们时跟他们打招呼。有了智能手机，我们就能实时向社交办公室的工作人员发送短信或电子邮件，告诉他们正在进行中的活动的最新变化，使所有人都能自动转向新的计划。例如，我们会说："州长夫妇与大使同行。告诉书法家，我们需要额外的菜单和座位卡。让管家再多安排一个位置。"这真是要感谢实时通信技术！

一方面，我们感谢时代的进步和科技的发展；另一方面，我们也应该知道，在互联网上我们也要像在其他形式的私人交流中一样，保持同等程度的礼貌。为了工作更高效，我们大多数人可能天天都要与数码产品打交道，但对于使用电子邮件、网络信息和社交平台的礼仪，我们了解得还远远不够。因此，我们更应该使用所有技巧，来避免在沟通中出现失误，并且防止因网上交流增多、面对面交流减少而产生隔阂感。我们要有意识地做出更多努力，更好地在智能世界中善待彼此。

利娅

在我任职期间，活动的座次表都是由电脑软件编排的，这个软件是由白宫的技术支持办公室设计的。短短一个小时之内，我们就将百人晚宴上的座位安排好了，并且不会漏掉其中任何一个人或者将同一个人安排两次。如果没有这个软件，仅安排座次表就能耗费我一天时间。记得有一次，在为参议员配偶午餐会安排座次表时，我盯着屏幕上的小圆圈陷入了沉思，然后将不同人的姓名输入程序中。我对座次的安排十分满意，便将其送到楼上去给小布什夫人过目。结果小布什夫人立刻注意到，我把琳达·罗布（Lynda Robb）和苏珊·艾伦（Susan Allen）的座位安排在一起了。琳达·罗布是民主党参议员查克·罗布（Chuck Robb）的妻子，而查克·罗布在2000年的一次有争议的选举中败给了乔治·艾伦（George Allen），失去了参议员席位。因此，苏珊·艾伦是现任参议员的配偶，琳达·罗布则是前任参议员的配偶。小布什夫人指出这一点之后，我很快就调整了座位，避免让这两位夫人在午餐会中经历尴尬的场面。这件事也教会了我，在很多事情上，科技往往还是需要借助人力。

与手机相关的礼仪

现在，人人都离不开手机，但这种情况有时候似乎太过分了。杰里米曾经看到，在一次白宫活动上，奥巴马总统正介绍一位嘉宾，结果这位嘉宾却在看手机。这是一个活生生的例子，提醒我们不要只顾着看手机，而忽略了现实中所发生的一切。

利娅

我的一个朋友在为总统竞选筹款时得到了一次与《财富》世界500强公司总裁会面的机会。他兴奋极了，于是在准备展示材料时花费了很多心思。这位总裁先生是出了名的喜怒无常，在展示过程中，我这位朋友总是忍不住在总裁讲话时瞥向自己的手机。总裁停下来问："我能看看你手上是什么吗？"我朋友还以为总裁对这台手机感兴趣呢，于是立刻将手机递了过去，并热心地介绍其最新的功能。总裁接过这台手机，一句话没说就把它砸在墙上，手机瞬间散架了。之后，这位总裁继续讲话，就像什么事都没有发生一样。

我的朋友深受打击。在这件事情之后，除了自己手机的残骸，他还得到了一个宝贵的教训：千万不要在重要场合看手机。

这个故事也有时代因素。对方越年长，可能就越无法忍受对话交流被电子设备打断。千禧一代也许认为，在他人面前频繁查看手机是可以接受的。但我们还是要记得，我们的一举一动都会在他人心中留下印象。如果能留下更好的印象，何乐而不为呢？

总的来说，我们对面活生生的人比手中的手机更值得我们倾注注意力。正如很多人喜欢说的："面对面的人比打电话的人更重要。"与别人对话的时候，你应该将手机放到看不见的地方。如果你一定要接一个重要的电话，就要先向对方道歉，然后到方便的区域去接听。除非你是在等待一个关系到所有人的重大项目的消息，否则在会议上查看电子邮件就是一种不为在场所有人着想的行为。一旦你跟手机成了连体婴儿，可能你会觉得自己是个大人物，但其他人都会觉得你对他们缺乏基本的尊重，而且你还没有足够的意志力把电话放到一边，专注于眼前的对话。此外，在生活中与他人打交道也是同样的道理。如果你戴着耳机，那么在你停下脚步与别人交谈时，就应该把耳机摘下，将所有注意力都给到面前的人。在药店买东西的时候，你也应该与售货员进行眼神交流，而不是在手机上查看最新的足球比赛结果。想想当与你交流的人几乎不肯抬眼看你的时候，你自己是什么样的感受吧。

所有人都不应该在公共场所谈论某些特定的事情，如商业机密或者感情生活中的私密细节。当你搭乘地铁或者公交车的时候，请按捺住自己的倾诉欲，别向电话那头你最好的朋友大说特说你的甜蜜周末，这样也许能为一车乘客免去尴尬。随意谈论还未敲定的商业交易，会让你的策略暴露于人前。无论是私人生活还是职场秘密，都应该保留到更隐秘的场所去谈论。另外，在公共场所打电话的时候，不要大吼大叫；在候诊室或者其他公共区域，不要把电话设成免提模式。如果你正在与别人进行一对一的谈话，并且希望转换成免提模式，那么无论谈话在哪里进行，一定要先征得对方的同意。

有一些场所不适宜打电话。“绝不应该”打电话的地方和场合有：庄严肃穆的场所、葬礼和婚礼；“有时可以”打电话的地方和场合有：剧院、电影院和博物馆，不过打电话时要去这些场所的大堂；“只有在不得不打电话时”才可以打电话的地方和场合有：厕所、与他人共同用餐时、行走中。

在餐厅里或者与朋友一起吃饭的时候，不要把手机放在桌上或者腿上，在吃饭时一直看着它更是不礼貌的行为。如果你一定要接一个重要的电话，那就先向大家打个招呼再离席。结完账不代表你就可以马上把手机拿出来，应该等到所有人离座后再查看你的手机。

我们始终相信，手机是强大而高效的工具。当你无法去上班的时候，最好先打个电话给老板；当你有一个坏消息要告诉他人时，打电话是最佳途径；当你需要说服别人时，电话也是优先选项。在电话上拒绝一个人，远比使用电子邮件或者短信更困难。如果你真的希望推动事情的进展，那就拿起电话，尽情运用你的自信、魅力和解决争端的能力吧！

与电子邮件相关的礼仪

白宫雇员在开始工作之前，都必须参加一次关于职业操守的讲座，其中会谈到如何使用政府的电子邮件账号。律师会说：“如果你写下的东西被印在《华盛顿邮报》的头版你会感到不舒服，那就不要将其写到电子邮件里。”这是一个很好的建议，毕竟在今天，黑客入侵和盗取电子邮件似乎已经成为一项极具观赏性的竞技项目。你写下任何不耐烦、不合适、不够有气度的词句，都有可能在任何时候被转发或者引用到任何地方去。因此，你应该好好检查自己写下的东西。另外，转发收到的邮件确实能节省很多时间，但你应该确保没有任何机密信息或有损某人名誉的内容。转发别人只希望你一个人看到的邮件就更不合适了。

越来越多的交流以信息或者电子邮件的形式发生。没有了面部表情、肢体语言和语调变化，我们很容易对内容产生误解。当你以灿烂的笑容迎接放假回来的同事时，你会对他说：“你终于回来了！我还以为你不回来了呢！”这一定跟在电子邮件中写下“你终于回来了！我还以为你不回来了！”有着截然不同的含义，后者看上去颇有一些怨气。我们所了解的诸位总统夫人和副总统夫人在电子邮件中都会使用一种简洁而友善的文风，以友好的问候起头，开门见山直入主题，然后以一句平和的“希望一切都好”或者“想念着你”为结尾，最后署名。总统夫人必须保持电子邮件足够简短，一方面是因为她们非常忙碌，另一方面是因为总有人试图入侵她们的邮件账号，所以她们的邮件里只会写一些能坦然暴露在全世界目光下的东西。这是一种相当不错的方式。

下面是一些避免职场上的消息和电子邮件往来受到误解的小提示：

直截了当。如果你听不到说话者的声音或者看不到他笑着翻了个白眼，就很难辨认出某句话是不是反话。表情符号和过多的标点符号比较适合你与朋友们交流时使用。

及时回复。要及早回复别人的信息，即使只是先告诉对方你暂时没法回复，但会尽快再回复他。这样对方就不会认为你没有回复是因为不关心或者不尊重他。对于亲朋好友发来的私人邮件，则可以多等待一些时间再回复。

保持礼貌。在“主题”一栏中写清楚邮件的事由。另外，如果你向陌生人发邮件，要使用恰当的称呼，如“尊敬的史密斯女士”。在商业电子邮件中，应使用与正式信件相同的格式。该写“感谢您”的时候别写“谢啦”，这会显得太仓促，而且过于随意。除非你们正在进行实时电邮对话，否则你应该始终在电子邮件末尾使用相同的署名格式，如“祝一切都好”“顺颂商祺”等，然后是你的名字。使用包含姓名、职衔、工作地址和电话号码的标准署名十分有用，可以让别人更方便地联系你。

避免酒后回复。不要在喝了几杯之后回复工作上的问题。这样你的回复可能不够连贯，也缺乏考虑，也许在第二天还需要撤回。

不要过度反应。收到让你沮丧的消息时，先缓一缓再回复。要时刻提醒自己：电子邮件是白纸黑字。我们中有多少人曾经在愤怒时发出不合适的回应，之后又陷入后悔之中？就像处理争端一样，深思熟虑总比轻率回应要好。保持冷静，以符合逻辑的方式组织语言，会让你的表达更有力。

“回复所有人”时要格外谨慎。你的电子邮件可能会发到不应该发到的对象那里，或者惹恼原本不会惹恼的人。

仔细检查。自动纠错、自动填写和自动回复有时候很危险。利娅有一次错将夫妻合并报税单发给了一名华盛顿内部人士，因为这个人的姓氏和利娅一名助手的姓氏十分相似。如果你想确保自己不会“过早”地发送一封电子邮件，就在最后发送之前将“收件人”一栏清空，这样你就不会在完成整个思考过程之前误将草稿发送出去了。

表达谢意。通过电子邮件发送谢词是可以接受的。这样做虽然不及手写的留言有诚意，但总比不谢要好得多。

利娅

我曾向一名销售发去一封电子邮件，感谢他帮我找到我想要的地毯。他特意为我找到了这个地毯款式，因此我十分渴望向他表达感激之情。在邮件末尾，我写道："你真好啊！"（You're a peach!）不幸的是，电脑自动将这句话改为："你真是个笨蛋！"（You're a douche!）当然，我根本没有注意到。不久后，我收到了他的电话。

"我做了什么冒犯您的事情吗？"他问。

"没有啊，为什么这么问？"

"也许您应该再读一遍刚才那封邮件。"他说。

我看过后，尴尬极了。这个本来应该纠正我们错误的功能为什么会让我们错得如此离谱呢？

消息和潜台词

给别人发消息时最好及时且清晰地回复，使用规范的标点和语法，让对方清楚地理解你的意思。如果对方不是很熟悉你的人，那最好再在信息末尾加上自己的名字。有一条有用的法则是，如果一个问题超过三条消息还解决不了，你就该拿起电话打给对方了。

我们都知道但再怎么强调也不够的是，醉酒或者受药物影响时千万别发电子邮件或信息。你出去喝酒时可能会觉得给前任发一条“心里话”很好，但第二天早晨你可能会羞愧欲死，更别说对方还很可能分享给其他人看你的笑话。

如果你想在群聊天中讨论共同出游，就不要将无法参加的人拉进来。他们大概不会对你们无休无止的讨论到哪儿吃饭感兴趣。

如果对方是你很好的朋友，你为一件小事发一条感谢的消息，只要不是太冗长都可以接受，但千万不要通过消息表达哀悼、道歉或者解释复杂的计划。“葬礼在什么时候举行”可不是一条恰当的信息。另外，也不要发送机密或者不合适的消息。

社交媒体形象管理

了解到如何划清界限是重中之重，而随着科技和个人的不断进步，这些界限也必须不断改进、更新。既然你希望别人不越界，也就应该尊重别人的时间、感受和隐私。

Twitter、Facebook、Instagram 和 Snapchat 这些平台的服务宗旨是互动和吸引更多的人参与，因此你发表的内容应该以分享有用或有趣的信息为主。不停地要求别人转发、点赞会显得过于急切，加太多话题标签或者一天内发太多条也一样。当别人 @ 你时，尽量回应对方，这同样属于建立人际关系的一种方法。

杰里米

我记得在私人智能装置刚刚开始流行起来的时候，我与奥巴马夫人曾有过一次对话。她说：“谁会想告诉全世界的人自己在哪里、消费了什么呢？难道大家都不想要隐私吗？”第一夫人的一举一动都暴露在众目睽睽之下，不难理解她渴望一些私密空间。但与此同时，她所说的话对我们也非常有价值。

无处不在的手机和永无止境的自拍，让我们不得不在一些白宫活动中采用新的针对智能手机的政策。随着科技越来越深入地渗透到我们的文化中，第一夫人认为，人们更应该尽情享受当下，而不是只想着拍照或者录像。另外，她还希望所有人的隐私都能得到尊重。最后，她意识到发出活动的照片有可能会伤害没有受到邀请的人的感情，于是对于所有私人活动，我们采取“禁止在社交媒体上分享”的原则。宾客需要在楼下将手机交由工作人员保管，途中可以下楼去接收消息。偶尔也会有不尊重规则的人，但每当网上出现有关的帖子，白宫总能第一时间知道。我们通常会请求对方删帖，而且在确定下次宾客名单时，我们也会将这些人曾经犯过的错列入考虑因素中。

你要参加的聚会的主人可能不是美国总统和第一夫人，但就分享到社交媒体上这一行为而言，你仍然必须保持谦逊有礼，尊重主人家的意愿。要时刻记住，尽管有些人可能喜欢将生活中的各种细节分享到网上，但同样也有人希望在网络上保持低调，或者干脆完全回避它。在新娘和新郎把照片发上网之前就自行分享婚礼的照片有欠妥当，他们也许不介意你发，但你还是应该先问一声。

工作与个人生活之间要有清晰的界限。发表言论时必须谨慎，将业务和社交生活分开对待。就像你不会穿着西装参加家庭野餐一样，你也可以为不同的目的使用不同的社交媒体平台。如果你发现自己需要为业务而使用社交媒体，就创建一个独立的账号，并保证其专业性。Snapchat或者Instagram更适合朋友之间的交流，同事之间则应该使用领英等平台。你可以创建一个非公开的Facebook账号用于亲朋好友之间的交流，再创建一个公开的账号用于工作。这样，如果你的上司想加你，你就有一个账号可以给他了。

但即使在私人账号页面上，也不要张贴会让你在工作和学校中难堪的照片。你要清楚自己在网上的形象未必是你希望上司或长辈看到的形象，即使你的页面是私人的，别人也可能有办法看到。利娅的一个朋友是一名高中橄榄球教练。他注意到一些队员刚开始练习就已经筋疲力尽了，难以记住技巧，于是他开始查看他们的Facebook。这名教练发现，一些队员在周末聚会狂欢，从而影响了比赛。于是他告诉孩子们，要么遵从球队的规矩，要么就别打球了。

我们都读到过这样的新闻报道：已经被常青藤联盟院校录取的学生突然被撤销了入学资格，因为行政人员发现这些人在原以为私密的群聊中发出了露骨或者不妥的消息。对学生和雇员来说，社交媒体可能导致严重的后果，因为网络时代没有真正的私密可言。只需要简单地截屏，就能把只出现过一瞬间的内容永久保存下来。即使你那些具有冒犯性的笑话只是讲给朋友听的，或者只是在讽刺别人，它们也很容易被误读。避免说任何会冒犯他人的言辞，除非你不怕它永远和你如影随形。

杰里米

我惊讶地发现，许多社交办公室面试过且原本有希望被雇用的申请

> 人，都曾因为在社交媒体上发表过不当言论而无法得到工作机会。2012年，米歇尔·奥巴马在《今日秀》中说，她的两个女儿是“进入人人都有一部手机的时代之后，最早在白宫长大的一代人”。她告诫女孩们：“所有人都在看着你们……不能随便向别人发脾气……对你们来说可能只是一瞬间的事情，但别人可能会利用这一个瞬间永远地定义你们。你们在互联网上发表的言论、在今天说出的话，都可能永远地成为你们生命中的一部分。”

Facebook、Instagram、Twitter、Snapchat，还有一些层出不穷的新平台，我们的建议和指导永远追不上时代的步伐。不过，下面有一些基本的准则供你参考：

先问清楚。在张贴朋友的照片、别人家中的装潢、别人的孩子或者聚会上的照片时，要先征得对方的同意。

保持善意。不要将别人拍得不好看的照片发上网，除非你希望别人以牙还牙。

一切从简。定期清理自己的主页，删除过期的内容。记得调整隐私设定，让该私密的内容保持私密。

不要盗图或抄袭。转发或者分享别人的作品时，要标明原作者。

慎重行事。如果你在专业的环境中，就要时刻保持谨慎，因为有一些东西不适合放在网上，如大楼蓝图、财务报表、与未解决的法律纠纷有关的备忘录，等等。

不要炫耀。我们知道这一点无须提醒，但让别人嫉妒你绝对不是发展友谊或者影响他人的好办法。让别人眼红你的财物、食物或者得到的邀请，并没有任何好处，除非你是一个想带货的博主。

别太关心点赞数。不要太在意有没有人给你点赞，你无须向任何人证明任何事情。你只需要了解自己，无须旁人承认。

不是所有的人都像 15 岁的孩子一样，能在互联网世界里如鱼得水。去帮助上了年纪的人，让他们也能体会网上购物的便利，欣赏孙子孙女在学校的留影，或者在美食博客上查找食谱，这体现了一种善良。去帮助他人找到最适合的科技工具，让更多人了解到科技的好处，加入时代的浪潮中。同样，年纪较大的人也不应该总是抱怨年轻人只会玩手机。双方都避免保持高高在上的态度，我们才能跨越这道由科技造成的鸿沟。

学会掌控自己

我们都必须掌控好自己的电子设备，增加自我约束力，不要每隔几分钟就去看一次手机。试着尽可能间隔越来越长的时间不去看它吧，你会变得更高效、更专注，无论是对工作还是对面前的人。如果你正在处理一个大项目，就要避免不停地查看无关的消息和电子邮件。自动回复是一个很好的工具，让人们知道你正面临一个重要的截止日期。要善用“请勿打扰”功能，只要有可能，就不要将手机放在自己能看到的地方，尽量在几个小时里都不要去碰它。这会让你有一种解放的感觉，也能让你像尊重他人一样尊重自己。

利娅

那些待人最周到有礼的人仿佛根本没有手机。在两年的时间里，我见过小布什夫妇使用手机的次数不超过两次。他们从不会在公共场合掏出手机，在与大部分员工共处时也是如此。你只要与他们在一起，他们就会给你全部的注意力，而这并不是因为私人助理可以帮助他们处理事务。总统夫妇从不在访客面前接电话，这表现了对自己和他人隐私的高度尊重。掌控你的手机，别让手机掌控你，这才是健康的生活方式。

就像在线下生活中一样，我们同样建议在网上不要理睬那些难以相处的人。互联网匿名的特性让很多人肆意发表冒犯性的话语，且大部分无须承担后果，而我们则需要抵抗这种加入互相谩骂的诱惑。无论是在私人层面还是国家层面，这都有害无益。网络让天涯海角的人得以相聚，这是一件好事。但要记住，虽然你在网上，和你对话的仍是一个有血有肉的人。与其他任何形式的礼仪相同，我们在科技世界中使用的规则依然根植于共通的礼貌和尊重。

12

细节：
合作成败的决定因素，人际关系的黏合剂

TREATING

The Extraordinary Power

PEOPLE

of Civility

WELL

at Work and in Life

无论这件事看起来多么无足轻重，
我们都要全力以赴。
没有人比最底层的人学到的东西更多。

Do the best you can in every task,
no matter how unimportant it may seem
at the time. No one learns more about a
problem than the person at the bottom.

—

桑德拉·戴·奥康纳
Sandra Day O'Connor

当你在事业上有了一些进展以后，你也许会觉得细节是刚刚起步的人才会去关心的东西。然而，真正理解责任的人都知道，注重细节正是领袖人物的特征。

第二次世界大战期间，丘吉尔深切关注英国生活的方方面面。他亲自调查英国武装部队阶层歧视的现象，亲自研究对军人来说最好的食谱是什么。丘吉尔发现，对英国人来说，没有茶喝会对士气造成毁灭性的打击。于是他决定，即使茶叶价格昂贵，也要尽可能继续进口。丘吉尔对军火同样有着很深的研究，他甚至能对在坦克哪个部位加上额外的装甲提出中肯的建议。没有任何细节能逃过他的眼睛。

与忠诚、人格魅力和幽默感一样，注意到细节并付诸行动也能令别人感受到你有多么重视他们。

吉尔·拜登博士成为副总统夫人后始终对细节非常关注。拜登博士为人平和、聪颖过人，而且低调谦逊，经常为他人写下暖心的留言。她每次走进房间时，总是会向所有人打招呼。拜登博士还全身心地投入到自己最关心的事业当中，如成立“社区学院到职场”项目、对军人家属提供支持和就业帮助的项目、癌症研究项目等。因此，拜登博士的下属对她忠心耿耿。杰里米永远不会忘记，自己到白宫上班的第一天，拜登博士就邀请他一同参加高温瑜伽课程。在杰里米上班的最后一天，拜登博士给他写了一封贴心的亲笔信，而当时她的儿子正因患重病住院。

有一天下午，杰里米在东翼访客办公室附近与一名特勤局特工对话，切身体会到了细节有多么重要。当时杰里米看到了一把空轮椅，于是自己试坐了一下。他马上惊讶于这把轮椅的窄小，这怎么可能装得下体型较大的来客呢？一想到可能会出现的尴尬情景，杰里米立刻下单订了一批尺寸较大的轮椅。几个月后，当杰里米陪同一名需要使用轮椅的客人乘坐电梯时，坐在大尺寸轮椅上的客人告诉杰里米，白宫的轮椅“不像机场那些糟糕的小破轮椅”，实在是太好了。

有些人在关注细节方面确实天赋异禀，但任何人都能学会如何去关注小事。我们找到了 6 种方法，能让你提高发现重要细节的能力，也能让别人感受到你的认真。这 6 种方法是：确立日常流程、记住别人的名字、让聚会更特别、通过书写感谢信来道谢、传递善意、关注后勤工作者。

确立日常流程

安排好时间，整理好书桌和精神状态，这样能让效率最大化、压力最小化。当你感觉良好时，就能更轻松地善待他人。下面是一些简单的办法，能让你管理好工作和生活中的细节，确立日常流程。

早人一步。我们两个人都会在早上提前到达办公室，这样就有时间静静地坐一会儿，并做好一天的计划。早晨也是与其他员工交流的好时机，因为这时他们还没有身陷大小会议中无法抽身。

做好笔记。我们一定要强调这一点：好记性不如烂笔头。如果不写下来，一走出会议室就会把会上的事情忘得一干二净。利娅总是随身带着一个笔记本，把所有事情都记在里面。她的床头还放着另一个本子，因为她发现晚上从潜意识里浮现出的一些想法往往很有创意，这也需要记录下来。

记录时间。无论是记在纸上还是使用电子产品，都要坚持记录自己的日程，并且每天要根据会议或者其他约见不断更新。一目了然的日程和笔记，能让你有更好的全局观。

整理文件。无论是在网上还是在文件柜里，都应该保管好最新的项目文件和联络资料，以确保能随时方便取用。利娅会将计划中的活动文件按时间和名称保存好，放在桌面上。如果你经常不断重复类似的做法，就不必每次都从头做起了。当小布什夫人打电话来询问关于活动的事情时，利娅可以打开一个文件立刻回答她。杰里米会将每次活动的电子版和纸质版文件都按日期整理好，以防电脑出问题。在他的办公室外面，还挂着一个海报大小的月历，所有人都能从中查阅接下来 4 个月的日程安排。

仔细检查。写错别字是一个大问题，会显得你粗心大意，有损你在别人心中的信誉。在假期开展的参观活动中，我们会将白宫假日手册派发给来客。杰里米经常将这本手册接近终稿的版本发给住在圣安东尼奥的完美主义者玛莎婶婶。玛莎从事语言文字研究工作多年，总能注意到各种语法和措辞问题。她每次都能指出几个地方，大大减少了手册最终版的错误。

保证准时。预先算好当天要做的事情分别会耗费多长时间，然后按计划执行。将一天的行程逐一记在纸上，这是政府部门长期以来的传统方法，因为这样就能完整记录下工作日每分钟所做的事，保证一切都能按时完成。此外，还要确保日程表中包含短暂的休息时间，这不仅能减缓压力，还有助于为延误提供一个缓冲。

会议必要且简短。定期举行员工例会确实很重要，但如果你没有需要汇报或者讨论的新内容，就不要浪费别人的时间。会议应该要求与会者按时参加，提前决定好议程，让所有人都有机会提出相关问题。如果大家都认为你召集的会议是重要的，那他们就更愿意参加了。

未雨绸缪。每个星期抽出一段固定的时间，为接下来的一个月、一个季度和一年做好规划。列一个大型项目清单，让这些项目成为你开展工作的动力。然后准备好次日的待办事项，这样就可以在一切都准备妥当的情况下放心地下班，第二天也能比别人早一步站在起跑线上。

记住别人的名字

当有人来白宫参观时，我们总是喜欢在打招呼的时候叫他们的名字。每次活动之前，我们都会过一遍宾客名单，使记忆更深刻。这么做是值得的，人们都很重视这一点。迎接他人时称呼其名字，意味着你对他们多付出了一些关心，而这能让人们更积极、更高兴。

所有人都经历过这样的场合：在聚会或者职场活动中，陌生人围成一圈，主人不停地说出每个人的名字，就像发牌员在飞快地发牌。然而，到了你们要对话的时候，你还是不知道谁是谁，他们的职业是什么，这样就很难真正建立起关系。过了一会儿，其中一个有点儿面熟的人向你走来，喊出了你的名字，这时你会感觉到一阵突如其来的快乐。培养注重细节的能力，这样下次在聚会上就是你记住了别人的名字，也就能让别人深深地记住你。

下面是资深社交秘书的一些关于如何记住别人名字的小窍门。对杰里米来说，记人名同样是一个难题。当你第一次被介绍给某个人的时候，你可以大声重复对方的名字。慢慢来，一边看着对方，一边在脑中重复他的名字，将名字和脸结合到一起。你还可以编一些顺口溜似的助记法，以帮助你回想起别人的名字，如“鲍勃像只大熊，来自芝加哥，芝加哥大熊[①]鲍勃”。这么做一定有帮助，因为你无法预料到什么时候会再次遇到对方。

除了名字之外，其他细节也是一样的。我们发现能不能记住一个人的好恶，常常能决定对方是否愿意来参加一场白宫宴会。一名议员的妻子有人群恐惧症，每次她能来白宫参加活动，我们都会做出特别的安排。我们只会问她感觉自在的问题，如她的孩子们、花园，或者夏天假期的计划。由于我们对他的妻子十分体贴，那名议员总是向我们表示感谢。

让聚会更特别

无论是一场正式宴会，还是一次后院烧烤，成功的聚会总是与预算无关，而是关乎是否花费了心思。一次活动即使有全城最昂贵的花艺师和山

① 芝加哥大熊是一支橄榄球队的名字。——译者注

珍海味，也可能毫无灵魂。而你越注重细节，这场聚会就会越温暖，也就越能给人留下深刻的印象。

如果你要为上司策划一次活动，最好的办法是群策群力，而这则是你向对方表示理解和关心的最好时机。克林顿政府的白宫工作人员每年都会通过生日会来表示他们对希拉里·克林顿的喜爱。克林顿夫妇的社交秘书安·斯托克，在 1993 年为克林顿夫人安排了白宫首次惊喜变装生日会。根据安的安排，先是白宫的灯光熄灭，然后克林顿夫人被带领着上电梯到她的卧室，找到多莉·麦迪逊（Dolley Madison）的装束。换装之后，克林顿夫人在一片黑暗中被领着走下楼梯来到东厅。在那里，已经换好衣服的朋友和员工，还有变装为詹姆斯·麦迪逊（James Madison）的克林顿总统在等着她。

另一年，安为克林顿夫人安排了一场"袜子舞"派对，还为她做了一条粉色的舞裙。安邀请凯西·卡塞姆（Casey Kasem）来当 DJ，将场地装饰得跟克林顿夫人在家乡伊利诺伊州往日的起居室一样。这些生日会让克林顿夫人心花怒放，而员工们关注的细节无不显示出对她的敬重。

所有优秀的聚会主人遵循的其实都是同一个理论，也就是艾森豪威尔总统曾说过的："计划一无是处，但做计划不可或缺。"你越能提前预料到一切，在事情开始后需要思考的就越少。下面几点能让你的聚会更特别，毫无后顾之忧地宾主尽欢：

选择好主题。和谐的主题能给聚会增色：用绿色和白色的小蛋糕，向你最爱的高尔夫球手致敬；为詹姆斯·邦德的粉丝准备好伏特加马提尼；要给一个冲浪迷庆祝，就用贝壳项链和海盐蜡烛来装饰现场。如果是婚礼周年庆，想想有哪些地点、故事和过去的回忆，能让宾客们想到这对夫妇在一起走过的时光，将这些元素加入装饰、菜单和其他项目当中。

事先确认。无论你邀请了多少人，无论是多么随意的聚会，都要请宾客事先确定是否会来。如果你不知道有多少人来，就很难提前做好计划。如果有人一直没有回复，你可以再问问对方。你可能会觉得这样做有点儿尴尬，但总比食物或者饮料没有准备够要好一点儿。

提前准备。你越是能事先在各种细节上面面俱到，如准备好足够的冰块、把更多的椅子搬出来、在音乐软件上创建好歌曲清单，聚会给你的压力就会越小。在头脑中预演一遍各个阶段，确认你已经准备好所需的一切东西，从纸巾到衣架一应俱全。还有，千万别把聚会当成试做新菜的机会！

温暖迎接。叫出每位客人的名字，及时介绍人们认识，让大家都知道大衣和手提包要放到哪儿。准备好有节庆气氛的鸡尾酒，跟白开水和红酒放到一起，让所有人都能自由取用。至于不喝酒的人，可以为他们准备一些有意思的无酒精饮料，如不含酒精的莫吉托或者果汁。

允许客人锦上添花。如果客人自告奋勇而你也乐意，不妨让他们带来一些为派对锦上添花的东西。没有甜点可不行！餐后巧克力或者红酒都是不错的主意。

接待小客人。在为 5 岁小朋友筹备一场室外生日会时，得先想好如果下雨了怎么办，然后计划好三种额外的活动。别让派对超过 90 分钟，因为在全是小朋友的派对上，你可能会觉得 90 分钟像是过了 3 个小时。关于给孩子开生日会，我们根据经验得出了一条实用定律：邀请小朋友的数目应与年龄相同，这样才好控制住场面。

让人们离开时面带笑容。在宾客离开的时候，赠给他们一点儿小小的纪念品。如果聚会在比较晚的时间结束，可以送给他们一包自制松饼或者燕麦片，当作明天的早餐。在之后的几天里，可以给他们寄去一份歌曲列表的电子文件或者派对上的照片。

利娅

劳拉·布什养成了一个习惯，就是每年都会邀请员工到官邸参加午餐会。她常常会请我做计划，准备好精美的餐桌摆饰、白宫瓷器、正式座位安排表以及经过设计的菜单卡片，规格和州长宴会相同。

小布什夫人还会在总统官邸中，以每周几次的频率为国会议员及其配偶举办招待会，带领宾客参观白宫，让他们看看通往三楼的隐藏楼梯。这是官邸工作人员在楼层之间移动而避免侵犯总统一家隐私的方式。小布什夫人还会鼓励来客在林肯卧室和杜鲁门阳台上留影。

关于小布什夫人对细节的注重，我印象最深刻的一个例子是她会刻意举办一些活动，邀请过去被忽略的客人。而当这些客人来到白宫时，她并不仅仅想让他们宾至如归，而且希望能给他们留下毕生难忘的美好回忆。2006 年，小布什夫人邀请了在第二次世界大战中所有曾在父亲老布什所在营中服役的老兵，到官邸庆祝退伍老兵纪念日。找到这些老兵费了不少力，大多数人都在乡间过着不问世事的退休生活，完全没有想过会得到白宫的邀请。那是我们举办过的最快乐的活动之一。

2008 年，小布什夫人将得克萨斯州密德兰的罗伯特·E. 李高中 1964 届毕业班的同学邀请到白宫来重聚，同时还邀请了密德兰高中和乔治·华盛顿·卡弗高中的学生。密德兰的这两所高中在 1964 年仍在实施种族隔离制度，但这次活动没有在媒体上宣传。小布什夫人以低调的方式，让尽可能多的人体验到在白宫做客的感受。

通过书写感谢信来道谢

当有人为你做了一件周到的事情，他便为此付出了时间和努力，因此道谢是很重要的。最好的方式是写一张字条表示感谢。你也许觉得这太婆婆妈妈了，完全是过时的繁文缛节，只有伊迪丝·华顿的小说中的人物才会这么做。然而实际上，这是善待他人的重要方式。感谢信能带来心意互通的感受，所有人都会珍藏这种感情。在忙碌的现代生活中，我们更应该花时间好好写下自己的感恩之情。我们两个都会用专门的文件夹来收藏我们收到的感谢信。

利娅曾为一个朋友送去一个旧草莓木篮当作生日礼物，过后这位朋友寄给利娅一封感谢信，上面写到这份礼物对她来说有着特殊的意义，因为她小时候每逢过生日总是会和妈妈一起去摘草莓。这种充满私人记忆的回应，让利娅也感到很开心。

既然感谢信这么重要，为什么我们总是不愿意写呢？写感谢信可能有些烦琐，但世上只有两种人：愿意表达感激的人和不愿意这么做的人。我们认为，写出真诚而不敷衍的感谢信取决于下面这些要素：

精彩的开头。不要一上来就写“谢谢你……”，这么写不仅缺乏创意，还可能让你在下文找不到话说。前第一夫人杰奎琳·肯尼迪总是能找到最美的开场白。她给室内设计师理查德·基思·兰哈姆（Richard Keith Langham）的感谢信是这么写的：“你的眼光总是无可挑剔，而我能从中获益是多么幸运！”最好的写法和说话一样亲切，要避免过于正式。下面是几个例子：

“你太好了，在圣诞节还想着我！”

“我简直无法表达我有多么感谢你那漂亮的礼物！”

“昨天晚上是我有生以来最快乐的夜晚了。真的太棒了！”

表露热情。开场白过后，再描述几句你喜欢这次派对和礼物的哪些地方，然后提及对方的周到或者聪慧，竟能想到这样的礼物或者派对主题。如果你有一个相关的小故事，这里就是最好的分享时机。比如，“这条领带我上个星期已经戴了4次，现在我就戴着呢”，或者“我可能永远也不会忘记，你从厨房端出巨大的火焰樱桃酒冰激凌的样子”。

用心写个结尾。表达你盼望与对方重逢是一种友好的表现，也就是说，你很享受与对方在一起的时光。然后你可以再说，谢谢你。最后一句话一定要饱含热情，送去“最温暖的祝愿”。

着手去写。最重要的事情是要把你的字条交出去。你如果不给对方送去感谢信，就会让对方陷入尴尬的境地，也就是他不知道你是否已经收到了礼物，但是他要是来问你，又显得仿佛是在要求感谢一样。

书信是最好的形式。有时我们想向老师或者上司表达谢意，但这可能会有点儿困难：做不好的话会显得自己像在阿谀奉承。这时候一封信就能让你道出真实的感受，别人也不会质疑你的动机，因为它并不会向收信人提出要求。而当需要在多人面前做出感谢时，你可以参考罗斯福曾经向儿子詹姆斯提出的建议：真诚、简短、别起立。

杰里米

是外婆让我明白书写感谢信的重要性，戴维·米克斯纳后来又帮我加深了这一点。每当我们在活动后回到办公室，米克斯纳总要在书桌边坐下，开始为许多人手写感谢信。他潜移默化地影响了我，让我知道这件事一定不能拖，当时就要落笔。只要趁热打铁，那份感受在你心中就仍然是鲜活的。拖得越久，你就越可能会忘记这件事。

等到进入白宫的时候，我已经变得十分习惯给人留言或者寄信了。作为高级幕僚的福利，我们有用不完的鹤牌白宫卡片可以使用。我就像再也没有机会书写一样，写了许多卡片，就连办公室用品负责人都会提到，我要求补充卡片的次数特别频繁。

另外，我还从接受的一方体会到了书写感谢信的重要性。我一直珍藏的一封信是劳拉·布什在她丈夫的画像揭幕仪式之后亲笔所写的。在那次揭幕仪式和迎接会之前，奥巴马夫妇为小布什夫妇举办了一次午餐会。小布什夫人注意到了其中所有的细节：我们用上了她放在楼上的白宫瓷器；我们的菜单上有小布什总统最爱吃的墨西哥卷饼；她还特别写道，自己感到特别温暖。小布什夫人亲切的言辞对我们有着莫大的意义。

除此之外，还有一些温暖人心、让人难忘的感谢信，来自不那么出名的普通人。在活动中帮忙的志愿者写下的感谢信就十分动人，还有到白宫来参加活动的孩子们。这些感谢信让我重新感受到自己能在这里工作是多么幸运，也让我在繁忙的工作中感受到一份美好。

传递善意

注意到某件事，动手做点儿什么去改善现状，并且不期待回报，这样的周到能让人久久铭记。

随手行善常常能带来惊喜。有一次，利娅的丈夫韦恩巧遇一位年长的友人，后者正在秋天的大雨中试图叫一辆出租车。韦恩打电话为他叫了一辆车。后来，这个人每次见到韦恩，总要感谢他那天的帮助。

当你看到同在一个办公室的同事埋头工作而顾不上吃午饭时，给他带一个三明治和一杯咖啡悄悄放在边上，也许就是他此刻最需要的东西。如果你在飞机上，邻座的乘客在不停地说话（或许是因为紧张），不要戴上耳机置之不理，不妨花上 5 分钟去听听。正因为有这样的交流，我们才能成为更好的人。

利娅

某天夜里，在一整天的暴风雪过后，我走到东翼的停车场去，发现有人帮我从雪中把车子刨了出来，还擦去了窗玻璃上结的冰花。之前我一直在担心自己穿着高跟鞋和裙子要怎么清理车子。我至今都不知道是谁做的，但当时我站在雪地中感激地哭了出来。无论什么时候，我们做一件好事，都能成为善的化身。这些小小的善行能让我们变成更好的自己。

任何人都能为他人做一些体贴的小事。小布什会邀请州长到克劳福德农场做客。而在客人离去后，他又经常会邀请在农庄值班的白宫管家与自己一起去钓鱼，管家们至今仍会满怀欣喜地提起此事。这样贴心的做法纯粹是出于想为别人做点儿什么的愿望。其实事情就是这么简单：想想别人会感谢什么样的行为，如果在你的能力范围之内就去做吧。

杰里米

在白宫待命的特勤局特工总是在轮换，其中有一名特工是狂热的橄榄球迷。当他离开白宫时，奥巴马夫人感谢他为总统一家的安全的付出，递给他一个信封，里面有两张“超级碗”的比赛门票。

就在为英国首相戴维·卡梅伦（David Cameron）夫妇举办的国宴之前，我和奥巴马夫人一同走在南车道上，讨论瓷器的话题。两年前我绝对想不到自己会跟任何人讨论这个话题，更别说第一夫人了。我提起自己有多么喜爱里根的瓷器，而好笑的是，我家一直有不大喜欢里根总统的传统。在决定使用里根的瓷器时，我告诉了曾为里根夫妇服务的社交秘书加尔·霍奇斯·伯特，她后来告诉我里根夫人听到这个消息后很高兴。

奥巴马夫人大笑起来，说她也在这样的家庭中长大，但后来逐渐对南希·里根及其履行第一夫人职责的方式萌生了敬意。我转告奥巴马夫人，加尔说里根夫人最近有一根肋骨断了，目前正处于艰难的康复过程中。奥巴马夫人向我要了里根夫人的地址，写下了祝她早日康复的寄语。几个星期后，我接到了加尔的电话：里根夫人向奥巴马夫人表示感谢。

关注后勤工作者

在职场上就如同在生活中其他方面一样，总有一些人的贡献容易被忽视，因为他们太可靠了，反而让我们很难注意到他们。雇员在时间和精力上的投入应该得到正式的认可，这么做能让士气高昂，也能奠定一天的基调。奥巴马政府的幕僚长丹尼斯·麦克多诺总是有意在早晨的会议中向所有人致谢，而且天天如此。这种积极的方式能巩固员工的信念，让他们有动力去满足白宫的高标准。

经过手忙脚乱的一天后，当我们次日早上走进办公室时，如果看到第一夫人留下感谢我们的努力的字条，就会彻底改变我们对每一天的期待感，疲倦和挫败一扫而空。这类贴心的小举动让我们感觉到，自己做的事情是重要的。

杰里米

2011 年，我初次参与筹备高级幕僚假日晚宴。当天我在国宴厅中巡查，以确保一切顺利进行。这次晚宴是奥巴马夫妇为高级幕僚准备的假日礼物，答谢大家一年来所做的工作。当时正是假期的第二个周，社交办公室团队仅凭着一腔热情在工作。在凯蒂莲（K. D. Lang）的表演之后，米歇尔·奥巴马发表了讲话，感谢所有人的贡献。她说："非常感谢杰里米，今天是白宫最美的一天。你为办公室和这所宅子带来的幽默和欢乐感染了所有人。谢谢你，杰里米。我们都爱你。"

接着，奥巴马总统也向我致谢。我只好点点头，整个人已经不知所措了，掌声充满了房间。奥巴马夫人并没有花费太多的时间和精力来表达对我的认可——仅仅 20 秒钟，却对我产生了深刻的影响。另外，意料之外的因素也增强了这段话的力度，我完全没有想到他们会这么说。

利娅

小布什总统和第一夫人会定期在他们的私人空间为即将离开白宫的员工举办欢送会。我离开时，他们就举办了一次这样的宴会，邀请我把

> 家人和其他客人也带来。那天晚上我抵达白宫时，发现由社交助手组成的仪仗队已经在等待我了。他们为我送上了一幅白宫的图画，所有社交助手都在上面签了名，然后以正式的军队礼仪护送我穿过白宫去参加宴会。这次仪仗队和欢送仪式都是我之前从未经过的排场，我深受感动。抵达总统在白宫的私人空间时我流泪了，总统夫妇就在那里等着我。

对细节的关注是每一天都能去做，也能做好的事情。这会改变别人对你的看法，也会彻底转化你在自己心中的形象。恰恰是最小的细节，产生了最大的影响。

结语

保持开放的心态，善待他人

TREATING

The Extraordinary Power

PEOPLE

of Civility

WELL

at Work and in Life

既然一个人可以改变世界，
那么我们每个人都应该尝试去改变。

One person can make a difference,
and everyone should try.

—

约翰 · F. 肯尼迪

John F. Kennedy

我们在白宫任职期间，最开心的事情就包括看到总统和第一夫人收到那么多非常棒的礼物。总有一些热心的选民送来饱含真情的贺礼。杰里米想起曾经有一个热情的粉丝画了一幅画，将贝拉克·奥巴马画成耶稣基督，在暴风雨中掌舵。

另外，总统和第一夫人还有一些来自政要的礼物，这也属于白宫悠久传统的一部分。约翰·亚当斯总统曾经收到过拉斐德侯爵（Marquis De Lafayette）赠送的鳄鱼；阿塞拜疆代表团曾赠予克林顿夫妇一块地毯，中间织有他们的画像。

当然，我们在白宫收到的最好礼物，正是我们希望能与你分享的这份礼物：善待他人的方法。我们将前上司小布什夫妇和奥巴马夫妇看作朋友，十分享受与他们共处的时光。我们同样珍惜与其他白宫社交秘书之间恒久的友谊。正如格雷丝·柯立芝的社交秘书玛丽·伦道夫那令人难忘的描述一样，我们确实都拥有了“犀牛皮般的厚脸皮、超强的耐力，还有幽默感”。我们成了一个联系紧密的小群体，每年都要聚会几次，分享八卦，回忆往事，讲述圈子里那些刻薄的笑话。所有这些女性都深知如何以善意和尊重来对待身边的人，而我们有幸与她们相识，生命也因此变得更精彩。

我们在本书中讨论的所有行为，究其根本都要求我们每个人拥有开放的心态。倒也无须像迪士尼动画里的森林居民一样时刻高呼热爱生命，但如果你带给世界的事物太消极，就无法从中得到正面的回报了。恐惧和愤怒会限制住我们的行动，影响他人对我们的看法，而且改变生活中的不如意也会因此变得更加困难。亚伯拉罕·林肯说过：“大多数人的快乐程度，是由他们自己决定的。”如果你足够乐观，相信只要以善意和尊重去对待别人，别人也就能以善意和尊重对待你，那么你就已经走在了正确的道路上。

掌握了这些技巧之后，你一定能像超级英雄般一往无前，成为这世界上一股表达善意的力量。以礼待人之道有着巨大的威力，绝不仅仅是遵守礼仪那么简单。

利娅

几年前我收到过一封信，是由一名年轻女性寄来的，她曾在社交办公室当过预约助手。她写信是为了告诉我们，她从社交办公室的员工对待宾客的方式中学到了许多东西。她当时并不理解自己学到了什么，但现在已看过大千世界，辗转在伦敦和纽约不同的办公室工作中，方才意识到在白宫社交办公室时自己拥有过多么宝贵的经验。她为在白宫学会的职业道德向我致谢。她的这个举动让我明白过来，我所做的一切远不止策划了许多美好的宴会。我从没有想过自己会影响别人的一生，但这封信让我知道，我做到了，还是以极好的方式。我心里一下子就有了强烈的充实感。

我无比感激那些曾给过我教导的人们，包括我的亲人、老师、同事、上司和朋友。如果没有他们，我的生命将会多么暗淡无光啊！为琳恩·切尼和劳拉·布什工作的时光彻底改变了我，让我变得更有能力、更自信，也更有耐心。最重要的是，我成为一个更加善良的人。

杰里米

一直以来，我都十分感激自己有机会拥有白宫社交秘书的这段经历。但在 2014 年，我发现冗长的工作时间开始对我产生负面影响，我与家人和远方的朋友似乎也日渐疏远了。我从总统竞选时就一直在奥巴马团队，在我完成社交秘书的 4 年工作后，奥巴马的第二个任期还有两年才结束。然而，我已经准备好要做出改变。

2015 年 1 月，我决定辞职。我必须首先亲口告诉奥巴马夫妇，以表示对他们的敬意。于是，尽管我知道自己的职业生涯可能会出现一段空档，但还是没有去寻觅其他工作机会。讽刺的是，我发现自己在酝酿开口的这段时间，比几年前等待面试结果时的压力更大。我真的很担心奥巴马夫人会认为我要弃他们而去。

我与奥巴马夫人在她的办公室会面。曾经我正是在这里，为了得到这份工作而面试，后来又在这里参加了无数次会议。我开口说道："我的父母一直以来都教导我，不要打扰别人太久。"在我告诉奥巴马夫人自己决定离开之后，她为我鼓劲，说道："只要我们还在白宫，这里就永远有你的位置。你是我们的家人啊。"我放下心来，叹了一口气。接下来的对话，我们以更像朋友而非上下级关系进行着。我解释道，我还没有安排下面的工作，也没有和其他人讨论过这个决定，她则告诉了我奥巴马一家在离开白宫之后的打算。这是一次令人感动的对话。我们拥抱彼此，一同走出办公室，沿着东翼走廊往下走。然后，我们分开两条路走，我到办公室去通知下属员工。有人流泪了，他们的反应既让我不舍，又让我十分欣慰。

第二天，我碰到了结束会议后正从地图室出来的奥巴马总统。总统将手放在我的肩膀上，说道："听说你要抛弃我们了。"他以他那标志性的姿势抱了抱我，说他知道我为他们工作没能"赚得盆满钵满"，并再次让我放宽心——我们都是一家人，就像第一夫人说的那样。当我们抵达椭圆形办公室时，奥巴马总统问我他能为我做点儿什么以及需要他给什么人打电话。"我是认真的，"他说，"我很少答应别人做这种事。你得趁我还在当总统的时候赶紧'利用'我啊，毕竟我还在这里工作的时候，别人接我的电话还是比较积极的。"我用尽了所有的忍耐力，才没有当场哭出来。我一生中能得到这样的赏识，何其有幸！

幸福往往在我们与世界的联系中显现出来。你不一定非要富有、漂亮或者出名，才能得到幸福。但你确实需要与让人生变得有意义的事物发生联系，这通常意味着以一种实在的方式与其他人发生联系。

善待他人同时也是一个美好的循环。尊重感与幸福感的潮水承载着我们所有的船，到最后会让世界变成一个更好的地方。我们写到的所有品质，数千年来渗透在许多文明之中。到了21世纪的今天，其实我们只是需要一些提醒，去回想起这些共通的规则。

未来，属于终身学习者

我这辈子遇到的聪明人（来自各行各业的聪明人）没有不每天阅读的——没有，一个都没有。巴菲特读书之多，我读书之多，可能会让你感到吃惊。孩子们都笑话我。他们觉得我是一本长了两条腿的书。

———查理·芒格

互联网改变了信息连接的方式；指数型技术在迅速颠覆着现有的商业世界；人工智能已经开始抢占人类的工作岗位……

未来，到底需要什么样的人才？

改变命运唯一的策略是你要变成终身学习者。未来世界将不再需要单一的技能型人才，而是需要具备完善的知识结构、极强逻辑思考力和高感知力的复合型人才。优秀的人往往通过阅读建立足够强大的抽象思维能力，获得异于众人的思考和整合能力。未来，将属于终身学习者！而阅读必定和终身学习形影不离。

很多人读书，追求的是干货，寻求的是立刻行之有效的解决方案。其实这是一种留在舒适区的阅读方法。在这个充满不确定性的年代，答案不会简单地出现在书里，因为生活根本就没有标准确切的答案，你也不能期望过去的经验能解决未来的问题。

而真正的阅读，应该在书中与智者同行思考，借他们的视角看到世界的多元性，提出比答案更重要的好问题，在不确定的时代中领先起跑。

湛庐阅读 App：与最聪明的人共同进化

有人常常把成本支出的焦点放在书价上，把读完一本书当作阅读的终结。其实不然。

时间是读者付出的最大阅读成本

怎么读是读者面临的最大阅读障碍

“读书破万卷”不仅仅在“万”，更重要的是在“破”！

现在，我们构建了全新的“湛庐阅读”App。它将成为你“破万卷”的新居所。在这里：

- 不用考虑读什么，你可以便捷找到纸书、电子书、有声书和各种声音产品；
- 你可以学会怎么读，你将发现集泛读、通读、精读于一体的阅读解决方案；
- 你会与作者、译者、专家、推荐人和阅读教练相遇，他们是优质思想的发源地；
- 你会与优秀的读者和终身学习者为伍，他们对阅读和学习有着持久的热情和源源不绝的内驱力。

下载湛庐阅读 App，
坚持亲自阅读，
有声书、电子书、阅读服务，
一站获得。

本书阅读资料包

给你便捷、高效、全面的阅读体验

本书参考资料

湛庐独家策划

- 参考文献
  为了环保、节约纸张，部分图书的参考文献以电子版方式提供
- 主题书单
  编辑精心推荐的延伸阅读书单，助你开启主题式阅读
- 图片资料
  提供部分图片的高清彩色原版大图，方便保存和分享

相关阅读服务

终身学习者必备

- 电子书
  便捷、高效，方便检索，易于携带，随时更新
- 有声书
  保护视力，随时随地，有温度、有情感地听本书
- 精读班
  2~4周，最懂这本书的人带你读完、读懂、读透这本好书
- 课　程
  课程权威专家给你开书单，带你快速浏览一个领域的知识概貌
- 讲　书
  30分钟，大咖给你讲本书，让你挑书不费劲

湛庐编辑为你独家呈现
助你更好获得书里和书外的思想和智慧，请扫码查收！

（阅读资料包的内容因书而异，最终以湛庐阅读App页面为准）

湛庐阅读App

思想者的声音图书馆

倡导亲自阅读

> 不逐高效，提倡大家亲自阅读，通过独立思考领悟一本书的妙趣，把思想变为己有。

阅读体验一站满足

> 不只是提供纸质书、电子书、有声书，更为读者打造了满足泛读、通读、精读需求的全方位阅读服务产品——讲书、课程、精读班等。

以阅读之名汇聪明人之力

> 第一类是作者，他们是思想的发源地；第二类是译者、专家、推荐人和教练，他们是思想的代言人和诠释者；第三类是读者和学习者，他们对阅读和学习有着持久的热情和源源不绝的内驱力。

CHEERS

以一本书为核心

遇见书里书外，更大的世界

有声书

随时随地，有温度、
有感情地听本书

纸质书

湛庐纸书一站购买
还有读者专享福利

精 读

2~4周，带你读完、
读懂、读透一本好书

电子书

最新最全的湛庐电子书
随时随地亲自阅读

讲 书

30分钟
大咖给你讲本书
让你挑书不费劲

延伸阅读

编辑精心制作的内容拓展
测试、视频、注释、参考文献
只为优化你的体验

课 程

权威专家带你快速浏览
一个领域的知识概貌

专 题

主题式阅读书单
让你与更多好书相遇

图书在版编目（CIP）数据

如何与重要人物社交 /（美）利娅·伯曼，（美）杰里米·伯纳德著；文家欣译. —成都：四川人民出版社，2020.11（2024.1重印）

ISBN 978-7-220-12045-9

Ⅰ.①如… Ⅱ.①利… ②杰… ③文… Ⅲ.①社会交往—通俗读物 Ⅳ.①C912.3-49

中国版本图书馆CIP数据核字（2020）第213332号

著作权合同登记号

图字：21-2020-353

上架指导：人际交往 / 畅销书

RUHE YU ZHONGYAO RENWU SHEJIAO

如何与重要人物社交

［美］利娅·伯曼

［美］杰里米·伯纳德　著

文家欣　译

责任编辑：范雯晴

版式设计：湛庐CHEERS

封面设计：ablackcover.com

四川人民出版社

（成都市槐树街 2 号　610031）

唐山富达印务有限公司印刷　新华书店经销

字数 215 千字　710 毫米 ×965 毫米　1/16　印张 15.5

2020 年 11 月第 1 版　2024 年 1 月第 4 次印刷

ISBN　978-7-220-12045-9

定价：79.90 元